U1003905

导游服务能力

主　编：舒　毅　顾远东

中央民族大学出版社
China Minzu University Press

图书在版编目（CIP）数据

导游服务能力／舒毅，顾远东主编．—北京：中央民族大学出版社，2023.2（2023.9重印）

ISBN 978-7-5660-2210-3

Ⅰ．①导…　Ⅱ．①舒…　②顾…　Ⅲ．①导游—旅游服务—资格考试—教材　Ⅳ．①F590.63

中国国家版本馆CIP数据核字（2023）第006716号

导游服务能力

主　　编	舒　毅　顾远东
责任编辑	舒　松
封面设计	党宏平
出版发行	中央民族大学出版社
	北京市海淀区中关村南大街27号　邮编：100081
	电　话：(010)68472815(发行部)　传真：(010)68932751(发行部)
	(010)68932218(总编室)　(010)68932447(办公室)
经 销 者	全国各地新华书店
印 刷 厂	北京鑫宇图源印刷科技有限公司
开　　本	787×1092　1/16　印张：11.25
字　　数	220千字
版　　次	2023年2月第1版　2023年9月第2次印刷
书　　号	ISBN 978-7-5660-2210-3
定　　价	58.00元

版权所有　翻印必究

编辑委员会

主　任：涂　灵

副主任：万发军

编　委（排名不分先后）：

唐　港　艾买提·热依木　李　岩　黄　华

主　编：舒　毅　顾远东

副主编：许恩萍　宋　江

执　笔（排名不分先后）：

张晶晶　田家燕　李　硕　李　晶　苏　文

王新艳　陈思羽　刘新峰　牟文君　尚　勇

蔺　剑　鲜学昌　冉　红

摄　影（排名不分先后）：

周　卫　姜禄基　李新龙　刘东平

前　言

近年来，“文旅融合”持续向纵深发展推进，“十四五”期间我国将全面进入大众旅游时代，全国导游资格考试新疆和兵团考区报名人数逐年上升，导游人员资格考试已成为社会影响面较广的国家行业考试之一。为进一步完善和规范导游人员资格考试系列教材，同时为广大考生和旅游从业人员、旅游院校教师和旅游爱好者提供较为全面介绍新疆和兵团考区科目五导游服务能力备考旅游景区指南和读本，我们组织旅游行业中的资深专家、旅游院校教师和中高级导游人员，依据国家文化和旅游部公布的《全国导游资格考试大纲》中新疆和兵团考区科目五备考部分旅游景区要求，编辑了这本《全国导游资格考试新疆和兵团考区科目五备考部分旅游景区详解指南》。

本指南的编写得到了各景区管委会、景区管理公司、旅游教育单位、导游行业协会和旅游企事业单位的大力支持。在此，对参加编写工作的同志们所付出的辛勤劳动表示谢意！对提出修改意见和提供资料的单位和个人表示衷心的感谢！

在编写的过程中，本指南在吸收以往经验的基础上，对备考部分旅游景区所涉及的知识、体例、语言和考试要点进行了进一步规范，力求为读者提供规范、简洁、实用的备考指南。

本指南除了可供全国导游资格考试新疆和兵团考区的考生作为复习、参考资料外，也可以作为中高等职业教育的教学用书或教学参考资料。同时我们希望本书也能成为广大旅游从业人员的有益读本。

由于时间仓促，本指南尚有许多不足之处，恳请广大读者批评指正。

编辑委员会

2022 年 2 月

目　录

第一章　天山天池景区　1

第一节　欢迎词　1

第二节　景区概况　2

第三节　景区区域分布导览与景点考试讲解要点　3

第四节　欢送词　8

第五节　景区知识考试问答　9

第六节　教学互动练习和拓展知识窗　11

第二章　喀纳斯景区　13

第一节　欢迎词　13

第二节　景区概况　14

第三节　景区区域分布导览与景点考试讲解要点　16

第四节　欢送词　23

第五节　景区知识考试问答　23

第六节　教学互动练习和拓展知识窗　26

第三章　吐鲁番葡萄沟景区　27

第一节　欢迎词　27

第二节　景区概况　28

第三节　景区区域分布导览与景点考试讲解要点　29

第四节　欢送词　34

第五节　景区知识考试问答　35

第六节　教学互动练习和拓展知识窗　37

第四章　那拉提景区　39

第一节　欢迎词　39

第二节　景区概况……40
第三节　景区区域分布导览与景点考试讲解要点……41
第四节　欢送词……45
第五节　景区知识考试问答……46
第六节　教学互动练习和拓展知识窗……48
第五章　可可托海景区　49
第一节　欢迎词……49
第二节　景区概况……50
第三节　景区区域分布导览与景点考试讲解要点……52
第四节　欢送词……58
第五节　景区知识考试问答……59
第六节　教学互动练习和拓展知识窗……60
第六章　博斯腾湖景区　63
第一节　欢迎词……63
第二节　景区概况……64
第三节　景区区域分布导览与景点考试讲解要点……65
第四节　欢送词……71
第五节　景区知识考试问答……72
第六节　教学互动练习和拓展知识窗……75
第七章　天山大峡谷景区　77
第一节　欢迎词……77
第二节　景区概况……78
第三节　景区区域分布导览与景点考试讲解要点……80
第四节　欢送词……84
第五节　景区知识考试问答……85
第六节　教学互动练习和拓展知识窗……88
第八章　泽普金湖杨景区　90
第一节　欢迎词……90
第二节　景区概况……91
第三节　景区区域分布导览与景点考试讲解要点……92
第四节　欢送词……97
第五节　景区知识考试问答……98

第六节　教学互动练习和拓展知识窗 …… 100

第九章　巴音布鲁克景区 102

第一节　欢迎词 …… 102
第二节　景区概况 …… 103
第三节　景区区域分布导览与景点考试讲解要点 …… 104
第四节　欢送词 …… 109
第五节　景区知识考试问答 …… 110
第六节　教学互动练习和拓展知识窗 …… 112

第十章　喀什古城景区 113

第一节　欢迎词 …… 113
第二节　景区概况 …… 114
第三节　景区区域分布导览与景点考试讲解要点 …… 116
第四节　欢送词 …… 123
第五节　景区知识考试问答 …… 124
第六节　教学互动练习和拓展知识窗 …… 126

第十一章　喀拉峻景区 128

第一节　欢迎词 …… 128
第二节　景区概况 …… 129
第三节　景区区域分布导览与景点考试讲解要点 …… 130
第四节　欢送词 …… 135
第五节　景区知识考试问答 …… 136
第六节　教学互动练习和拓展知识窗 …… 138

第十二章　帕米尔旅游区 140

第一节　欢迎词 …… 140
第二节　景区概况 …… 141
第三节　景区区域分布导览与景点考试讲解要点 …… 142
第四节　欢送词 …… 149
第五节　景区知识考试问答 …… 149
第六节　教学互动练习和拓展知识窗 …… 151

第十三章　世界魔鬼城景区 154

第一节　欢迎词 …… 154
第二节　景区概况 …… 155

第三节　景区区域分布导览与景点考试讲解要点 …… 156
第四节　欢送词 …… 162
第五节　景区知识考试问答 …… 163
第六节　教学互动练习和拓展知识窗 …… 165

第一章

天山天池景区

第一节　欢迎词

【示例 1】

各位游客朋友们：

大家好！

欢迎来到神奇的新疆旅游观光，很荣幸与大家相逢在这美好的时节。中国有句古话“有朋自远方来，不亦乐乎”，我是你们的导游，我叫×××，我身边的这位司机师傅他叫 ×××。请允许我代表 ××× 旅行社对各位的光临表示热烈的欢迎。接下来，将由我和司机师傅为大家提供服务，大家在旅途中有什么需求和问题可以及时向我们提出，我们会本着“游客为本、服务至诚”的原则，尽可能满足大家的要求，也期待大家能够积极配合与支持我们的工作。

不来新疆就不知道祖国之大，新疆有 166 万平方千米的土地，占全国国土总面积的六分之一。新疆的地貌特征可以用“三山夹两盆”来概述，北部是阿尔泰山脉，南部是昆仑山脉，天山山脉横亘于新疆中部，把新疆分为南疆和北疆。天山以北是准噶尔盆地，天山以南是塔里木盆地。天山山脉素有“冰川固体水库”之称，给干旱少雨的新疆带来充足的水源，人们通常把天山比作“母亲山”，千百年来这座雄伟的山脉犹如慈祥的母亲一般，养育着新疆各族儿女。今天我们将游览的是素有“天山明珠”之称的国家 5A 级旅游景区—— 天山天池。

预祝大家今天的旅程顺利、开心快乐！谢谢大家！

【示例 2】

各位游客朋友们：

大家好！

首先请允许我代表××× 旅游公司，对各位的光临表示热烈的欢迎。我叫 ××× ，是你们的导游，我身边的这位是司机王师傅，今天将由我和王师傅为大家提供服务，也希望大家能够积极支持和配合我们的工作。

新疆自古以来就是丝绸之路的交通要道，这里有着“悠久的文化历史，独具魅力的风景名胜，厚重的文物古迹，丰富多彩的民族文化”，吸引着众多国内外游客。今天我们将游览的是位于新疆昌吉回族自治州阜康市境内的天山天池。天池是一个天然的高山湖泊，是世界自然遗产，国家 5A 级旅游景区。天池古称“瑶池”，传说是西王母仙境。坐落在天山东部博格达峰的山脚下，周围雪岭云杉、山花烂漫、湖水清澈、雪山耸立、风光秀丽、气候宜人。天池风景名胜区已成为旅游观光、科学考察，休闲度假的理想胜地。而今天的天池之行，大家不仅能够领略到雪山森林、湖泊草原，还可以感受当地哈萨克民族的热情好客、品尝到特色美食。希望今天能为大家带来一次开心而快乐的旅行。

预祝大家旅途愉快，谢谢！

第二节　景区概况

一、地理位置、气候、水文、交通、人文等要素

地理位置：天池位于新疆昌吉回族自治州阜康市以南约 40 千米的群山之中，坐落在天山东部博格达峰的山脚下，距离乌鲁木齐市直线距离 80 千米、车行距离 110 千米。

气候：天池景区处于天山逆温层，气温比较稳定，年平均气温 2.55℃，七月份最高平均气温 15.9℃，一月份最低平均气温-12.4℃，冬季降雪期 6—7 个月，结冰期达 5 个月，湖水冰层厚度达 1 米以上。

水文：天池湖面海拔 1980 米，平均水深 60 米，最深处可达 105 米，平均储水量 1.6 亿立方米、最大储水量为 2 亿立方米。一年中分为丰水期和平水期，每年 4—9 月池水上涨，9 月至次年 4 月池水下降，为一个轮回。其中活动水位在 10—13 米，水温年平均维持在 7.4℃。

交通：从乌鲁木齐乘旅游车或自驾车，沿吐乌大高等级公路（G216 线）经阜康市往南 40 千米，可到达天池景区售票处。

人文：天池古称瑶池，传说是西王母仙境。附近居住着一个有着悠久历史的古老民族——哈萨克族。

二、景区建设发展历史简介

天池风景区是 1982 年国务院颁布的第一批国家重点风景名胜区；1990 年 3 月

27 日，联合国教科文组织批准博格达峰生物圈保护区加入联合国“人和生物圈”计划。1990 年 8 月，由联合国教科文组织批准，以天山天池为中心，建立了博格达峰“国际人与自然生物圈保护区”保护网络；1994 年由国家林业部批准为国家森林公园；2007 年，天池风景名胜区被国家旅游局评定为 5A 级旅游景区，2013 年 6 月 21 日，天池列入联合国教科文组织《世界遗产名录》。

三、景区游览服务提示

1. 大家在参观游览、途经栈道或台阶时，请注意安全，拍照时脚下留意。
2. 请大家保护自然环境，不要随意毁坏景区内植被。
3. 按照景区旅游路线进行游览，不要单独去危险的地段。
4. 与当地群众友好相处，参观哈萨克族毡房时，要尊重他们的风俗习惯。

天池观景台　　周卫 摄

第三节　景区区域分布导览与景点考试讲解要点

一、景区区域分布导览

（一）区域分布

天池景区、灯杆山景区、马牙山景区、博格达峰景区、花儿沟景区、白杨沟景区、水磨沟景区、北部沙漠景区。

（二）游览路线

天池景区→哈萨克民俗风情园→石门一线→龙潭碧月→南山望雪→西山观松→定海神针→悬泉飞瀑→顶天三石→海峰晨曦

二、景点考试讲解要点

（一）天池景区

天池景区位于天山东部博格达峰的半山腰处，湖面海拔1980米，随着海拔高度的变化，依次分布着：高山冰雪带、亚高山草甸带、山地森林带、山地草原带和荒漠带，呈现出一条十分明显和完整的山地自然垂直景观带。天池是一个天然的高山湖泊，长3400米，最宽处约1500米，面积为4.9平方千米，最深处约105米，总蓄水量1.6亿立方米。1982年被列为第一批国家重点风景名胜区。

天池古称“瑶池”，有许多美丽的传说。其中最为著名的是下面这个故事：据《穆天子传》记载，大约3000年前我国先秦时期，周朝第五代君王，周穆王驾八骏西行巡游时，久仰天池西王母仙境，于是来到西王母之邦，受到西王母的热情款待。席间，二人赋诗作词，宾主极尽欢娱，愉快的度过了一段美好时光。周穆王被这人间仙境和西王母的盛情款待所感动，离别时两人依依不舍，西王母劝酒歌曰“祝君长寿，愿君再来”，留下了一段千古佳话。唐代著名诗人李商隐以这动人的故事，写下了这样一首诗：“瑶池阿母绮窗开，黄竹歌声动地哀，八骏日行三万里，穆王何事不重来。”以此来表达西王母渴望与穆王重逢之情。传说天池是西王母梳妆台上的银镜，又说是西王母的沐浴池，小天池是西王母的洗脚盆，这些美妙的神话传说，给美丽的天池披上了一层神秘的色彩。

据史料记载，自宋朝至清朝，天池曾有过“冰池”“龙潭”“神池”等名称。但是，关于“天池”这一名称的由来要追溯到乾隆四十八年，即公元1783年，当时任乌鲁木齐都统的明亮骑马率队登临博格达山时发现了天池，并开渠引水下山灌溉农田。他曾在《灵山天池疏凿水渠碑记》中记载“见神池浩淼，如天镜浮空”，故取“天”和“池”两字而命名这一片水域。

地质学家认为，天池的成因是第四纪以来，气候有过多次剧烈的冷暖运动，远在200万年前，第三次气候转冷，巨大的冰川夹杂着砾石，顺着山谷缓缓向下移动，强烈地刨蚀着冰床、对山谷进行雕凿、冰川夹带的岩石等逐渐堆积下来，形成了多种冰蚀地貌，天池河谷逐渐形成巨大的冰窖和冰碛垄。后来由于气候逐渐转暖、冰川消退，这里便蓄水成湖。这就是我们今天所看到的高山冰碛湖——天山天池。

来到天池景区，大家可观赏到雪山、森林、碧水、草坪和野花盛开的景色。每当晴空万里、湖水清澈、晶莹如玉、四周群山环抱、绿草如茵。天池东南面就是雄伟的博格达峰，主峰海拔5445米，主峰左右有两峰相连，抬头远眺，三峰并起，突兀插云。博格达峰终年积雪，闪烁着皑皑银光，与天池碧绿的湖水相映成趣，构成了高山、湖泊、森林等多姿多彩的自然景观。

（二）哈萨克民俗风情园

位于天池河谷内的阔克胡拉村，园内的经营户们都是原本定居在阔克胡拉村的牧民，随着天池景区的不断开发建设，他们从放牧转到了从事旅游经营活动。在园内，游客可以体验到原汁原味的哈萨克族民族风情，如阿肯弹唱，哈萨克族婚俗，民族歌舞，哈萨克族服装照相，马背亮相，参观古老毡房，观赏爱情秋千，百年古榆树，品尝特色餐饮。热情好客的哈萨克族小伙、姑娘们以饱满的热情，奔放的舞蹈，迎接八方的游客。

在这里，我给大家简单介绍一下哈萨克族。在天池周边，绿草肥美、牛羊成群，那星星点点貌似繁星的就是哈萨克族毡房，是新疆少数民族人口排名第二的民族，约 159 万人，占新疆人口的 6.88%，他们主要从事畜牧业，自古以来就过着逐水草而居的游牧生活，被称为马背上的民族、天生的歌唱家。马是他们的交通工具，歌声是草原文化的象征。哈萨克族是一个有着悠久历史的古老民族，由古代西北众多或民族部落之间逐步融合而成，在 15 世纪初形成了比较稳定的民族共同体。从最原始的游牧到现在的半定居，虽然生活方式发生着变化，但是热情好客、能歌善舞的哈萨克族人，从未改变他们的优良传统。优美动人的诗歌是哈萨克民族传统文化最集中的体现。游牧在大草原上的哈萨克族，每逢节日、喜庆或婚嫁礼仪时，都要举行隆重的阿肯弹唱，这是他们最主要的娱乐方式之一。阿肯弹唱又分为两种形式：一是阿肯怀抱冬不拉自弹自唱。二是对唱，有两人对唱，也有多人对唱，对唱中特别突出的是即兴演唱，通常都是借景抒情，表达心中愿望，通过即兴表演，能够充分看出阿肯们的机敏才智，就在这一来一往的弹唱中，唱到使对方词穷便是胜利者。因此“阿肯”是哈萨克族民间最优秀的歌手。除此之外，他们还有“赛马、叼羊、姑娘追”等大家喜爱的娱乐活动。

（三）石门一线

石门一线是进入天池景区的天然山口，两侧宽约百米，最窄处仅十多米。石门两峰夹峙，一线中通，是河道切割形成的峡谷，所以又称“石峡”。石壁巍峨，高达数 10 米，长约 100 米，天巧奇绝，犹如打开的两扇门板。石色赭暗，如同铁铸。石门内三工河水穿流，水旋路转，浪花飞溅，崖耸谷深，声震幽谷。有诗曰：“巍峨石峡瑶池门，峭壁悬天险断魂。鬼斧神工刀劈就，一线通途上青天。”

（四）龙潭碧月（西小天池）

位于天池下方约 2 千米处，海拔 1660 米，盘山公路西侧的“西小天池”，它是天池湖水透过地下湖坝粗大的冰渍物，渗漏下来的泉水，在山嘴交汇的低洼处形成的一个积水深潭。池周塔松竞秀，满山苍翠，每当夜幕降临，皓月当空，山峰树影和碧月倒映潭中，静影沉壁，月影微颤，有诗赞曰："一弘碧流成龙潭，青松白雪镶翠盘。金秋桂月沉壁底，疑是嫦娥出广寒。"

（五）南山望雪（博格达峰）

绵延千里的天山山脉横亘在亚欧大陆的腹地，一座险峻陡峭的山峰从它的东部横空出世。当年，成吉思汗的子孙们来到这里，被它的雄伟壮观所折服，他们给这座山峰起了个名字叫"博格达"，蒙古语的意思是"神灵""灵山"。在两亿多年前的造山运动中，一座山脉从茫茫古海中探出头来。后来，喜马拉雅造山运动使地壳急剧隆起抬升，海底崛起为陆地，这座山脉才全部冲出海平面，形成了博格达山脉。

博格达山脉呈东西走向，主峰海拔5445米，在2800米以上为高山区，地势险峻，基石裸露，终年积雪，气候严寒，发育有众多冰川，面积达55.05平方千米。冰储量18.4亿立方米，是天然的高山固体水库，是众多河流的发源地，也是中国对外开放山峰之一。

（六）西山观松

站在天池北岸向西望去，山势相对缓和又地处阴坡，由冰碛石和泥石流堆积物组成，山坡土质比较疏松，蓄水条件好，特别适宜树木的生长。这里的树木多为雪岭云杉，生长在海拔1500米至2700米之间。林海茫茫，遮天蔽日，松涛阵阵，墨绿如屏，是旅游最好的去处。"西山观松"，是天池八景之一。每当数九寒天，雪落松上，"半松翠绿半松白，千松万松成一松"，令人赏心悦目，心旷神怡。

（七）定海神针

传说天池湖中有一个水怪，经常兴风作浪搅得湖水瀑涨，淹没周边居民，百姓无家可归四处流浪。有一年，王母娘娘在天宫举行盛大的蟠桃宴会。邀请了各路神仙，唯独忘记邀请这位天池水怪。水怪不悦，发威泄私愤。顷刻间，浊浪滔天，洪水四溢。这时天兵来禀报王母娘娘，王母娘娘大怒，顺手拔下头上的一根玉簪投入水中，顿时风平浪静，水退石出。那根玉簪就变成了一棵榆树，从此生长在天池水边，成为镇水之宝，后来被人们称为"定海神针"。这棵古榆树有三个奇特之处：一是榆树本属于平原树种，一般都生长在海拔800米以下的平原地带，而这棵榆树却生长在海拔近2000米的地方，并且还长得枝繁叶茂。二是这棵榆树是大叶榆和小叶榆的共生树，一棵树上有两种树叶。三是无论天池的水位如何上涨都淹没不到榆树的根部，无论天池的湖水再少，也旱不死这棵古榆树。长期以来，人们就把榆树根部和水面的距离作为测量湖水的标志，用来预报丰水年、平水年和旱水年的信息。

这棵古榆树具有很高的生态价值，也是天池湖畔唯一的一棵榆树，也是海拔最高的榆树。自古以来始终保护着天池大坝免遭崩溃，使当地百姓安居乐业。

俯瞰天山天池

马牙山角度拍摄　　刘东平 摄

（八）悬泉飞瀑（东小天池）

天池下游东北方向，冰川终碛堤上建有人工水闸，海拔1860米，天池泻水形成瀑布。瀑布沿嶙峋山石急流直下，白练垂空，声震山谷。瀑布于谷底冲出碧潭一方，人称“东小天池”。此处环境极为幽秘。东小天池北岸为断崖峭壁，泻水又形成一条高达百米的瀑布，流银泻玉，瀑声如雷，在阳光照射下，彩虹飞舞，形成“悬泉飞瀑”胜景，有诗云：“珍珠数泉悬半空，银链高挂雾蒙蒙。烟水漂渺娇阳艳，长虹飞架青峦中。”每逢春末夏初，冰雪消融，池水上涨并由北岸泻漏下跌，形成近百米高的瀑布，飞溅直下，水声如雷。若逢阳光折射，七彩飞虹，气象万千。

（九）顶天三石（灯杆山）

距天池西岸4千米，在层峦峡谷中突兀崛起。主峰海拔2718米，顶峰耸立着3块巨大的石笋，其状如戟，直刺长空，又称“顶天三石”。这里是天池观落日和欣赏古冰川地貌的绝好去处。相传，王母娘娘初来瑶池时，在天池西面山上立下一块巨石，用簪子劈成三块，形成鼎足之势，顶起西天，致使天下太平。后来有人在三块巨石中竖立起一个长杆，在长杆上挂上一盏红灯，名曰“长明灯”，此山被称为“灯杆山”，三块巨石被称为“顶天三石”。

（十）海峰晨曦

清晨在天池观日出，较泰山观日出别有一番情趣。在晨曦中天山的冰峰、云杉与色彩斑斓的湖水融为一体，使人犹如置身于仙境。有诗赞曰：“云遮雾绕万仞隐，晨曦初露景色新。五彩霞光呼日出，博峰含笑看盛景。”

第四节 欢送词

【示例1】

亲爱的游客朋友们：

今天的天池之旅是一种对自然景观美的享受，天山天池优美如画的景色和美丽动人的传说，一定给大家留下了深刻的印象。

时间过得总是那么快，转眼间，我们的新疆之行即将画上圆满句号。古人云：“相见时难别亦难。”大家从相识、相知到成为朋友，彼此结下了深厚的友谊。此刻要和大家说再见了，我真的还舍不得说“再见”这两个字。但是，“天下无不散的宴席”。这次的旅游活动能够顺利完成，离不开大家的鼎力配合与支持。与大家相处的这段时间里，我心中充满了欢乐和美好。但愿我的服务能给大家留下美好的回忆，也希望大家对我工作中的不足，提出宝贵意见，以便我不断提升和改进。再次感谢大家的支持与协助，同时，我期待着大家再次来新疆旅游。

祝大家身体健康，一路平安，再见！

【示例2】

各位游客朋友们：

大家辛苦了！今天的天池旅游到这儿就基本结束了，接下来我们将原路返回乌鲁木齐市区。相信今天的天池之行，大家一定有不少感受和体会吧？刚才有人私下对我说：天池的景色真的太美了。也有人说：哈萨克族人非常热情好客。真的感觉时间太短暂了。是的，大家说的没错。我想说的是，美丽富饶的新疆，旅游资源非常丰富，有您看不完的美景，赏不完的民族风情，享不尽的特色美食，如果您下次有机会来新疆，请您慢慢欣赏和体验。

俗话说“百年修得同船渡”，在美丽的新疆、相逢在这美好的季节，就是一种缘分。在旅游期间，大家相互关心、相互帮助，满满的正能量，使我倍受感动。能够和大家成为朋友是我的荣幸。在我的服务过程中有不到之处，还请大家多多谅解，并提出宝贵意见，我会加倍努力改进。再次感谢大家对我工作的支持，希望我的服务能给大家带来开心和快乐，希望这次旅行能够给大家留下美好而难忘的回忆。

最后，祝大家身体健康，旅途顺利，一路平安。期待再次相逢！再见。

第五节　景区知识考试问答

【1】天池有哪八景？

答案：1 石门一线　2 龙潭碧月　3 南山望雪　4 西山观松　5 定海神针　6 悬泉飞瀑　7 顶天三石　8 海风晨曦

【2】博格达是什么语？什么意思？主峰海拔多高？

答案：博格达是蒙古语，意为“灵山、圣山”，主峰海拔 5445 米。

【3】什么被誉为哈萨克族的两只翅膀？

答案：马和歌声被誉为哈萨克族的两只翅膀。

【4】哈萨克族阿肯弹唱的形式有哪些？

答案：阿肯弹唱，是他们最主要的娱乐方式之一。阿肯弹唱又分为两种形式：一是阿肯怀抱冬不拉自弹自唱。二是对唱，有两人对唱，也有多人对唱，对唱中特别突出的是即兴演唱。

【5】天山天池申遗成功是哪一年？分别有哪几个？

答案：2013 年 6 月 21 日，在柬埔寨金边举行的第 37 届世界遗产大会投票通过中国新疆天山列入联合国教科文组织世界遗产名录。此次申报的新疆天山世界自然遗产地，由博格达、巴音布鲁克、托木尔、喀拉峻、库尔德宁等区域组成。

【6】天池自然垂直景观带是如何分布的？

答案：天池景区随着海拔高度的变化，依次分布着“高山冰雪带、亚高山草甸带、山地森林带、山地草原带和荒漠带”。

【7】天山天池和长白山天池的成因有何不同？

答案：新疆天山天池是冰川融化形成的高山冰碛湖；而长白山天池是国内最大的火山喷发后形成的火山口湖泊。

【8】天池的定海神针是指什么？

答案：是天池湖畔唯一的一棵榆树，也是海拔最高的一棵榆树，是天池八景之一。

【9】哈萨克族有哪些禁忌？

答案：数他们的羊，拿着马鞭进毡房，摸小孩的头部等。

【10】天池景区冬天有什么活动？

答案：天池冬季每年都要举行冰雪风情节，也是新疆最早举办冰雪旅游的活动之一。

【11】哈萨克族有什么娱乐活动？

答案：阿肯弹唱、赛马、刁羊、摔跤、姑娘追。

【12】哈萨克族最喜欢跳的舞蹈叫什么？

答案：黑走马。

【13】雪莲花的功效？

答案：新疆天山雪莲花具有通经活血、散寒除湿、止血消肿，排体内毒素等功效。

【14】哈萨克族的“红食和白食”指什么？

答案：哈萨克族以红白食为主，红食指牛羊马肉，白食指各种奶制品。

【15】天山天池国家重点保护的野生动物有哪些？

答案：有雪豹、棕熊、石貂、马鹿、盘羊、暗腹雪鸡。

第六节 教学互动练习和拓展知识窗

一、互动练习

（一）在天池游览时游客要求到哈萨克毡房参观，导游应该提醒游客注意什么？

（二）在天池湖畔集合清点人数时，发现有一名游客没有回来，导游应该如何处理？

天池冬景

二、拓展知识

（一）在我国除了新疆的天山天池以外，还有哪些天池景区？

答案：吉林长白山天池、青海孟达天池、浙江天目山天池、江西庐山天池、内蒙古阿尔山天池。

（二）哈萨克族在新疆主要分布在哪些地区？

答案：伊犁哈萨克自治州、阿勒泰地区、塔城地区以及木垒县，巴里坤哈萨克自治县及乌鲁木齐等地。

（三）新疆的五个自治州分别是？

答案：昌吉回族自治州、伊犁哈萨克自治州、博尔塔拉蒙古自治州、巴音郭楞蒙古自治州、克孜勒苏柯尔克孜自治州。

第二章

喀纳斯景区

第一节　欢迎词

【示例 1】

各位游客朋友们：

大家好！

你们想欣赏伟大祖国美丽的大好河山吗？你们想感受伟大祖国富饶宽广的土地吗？在祖国版图的最西北角，就有这么一个美丽富饶而又神秘的地方，它能够同时满足各位朋友欣赏、感受和体验我们伟大祖国美丽富饶而又神奇的愿望，它就是今天我们即将前往的国家 5A 级旅游景区——喀纳斯景区。

今天我非常荣幸能够为大家做导游，我也非常自豪能成为喀纳斯景区的代言人，也希望在今后的行程中，在我和司机师傅的服务中，您能从喀纳斯湖的秀美中，感受到我们伟大祖国河山的美好；从阿尔泰山友谊峰的挺拔，体验到我们伟大祖国土地的宽广；从喀纳斯图瓦人的楚尔乐器中，欣赏到我们伟大祖国神奇而又多元的文化。喀纳斯景区是一幅画，是一幅立体多元的中国山水画；喀纳斯景区是一首诗，是一首饱含深情的中国山水诗；喀纳斯景区是一首歌，是一首荡气回肠的中国山水民歌。

朋友们，请跟随我的脚步走进喀纳斯，去看，去听，去感受吧！

【示例 2】

各位游客朋友们：

大家早上好！

欢迎大家来到国家 5A 级旅游景区喀纳斯景区，我是大家的导游×××，我来自×××旅行社，在此我也代表×××旅行社热烈欢迎您到新疆旅游观光。在我们车左前方的是×××师傅，接下来的新疆喀纳斯之行就由我和司机×××师傅为大家提供服务。我们会竭尽全力为大家提供最优质的服务，希望在我们共同的努力下，让各位朋友的喀纳斯之行，玩得开心，游得尽兴。

从布尔津县城出发，到达喀纳斯景区游客服务中心贾登峪全程 168 千米，行车时间约 3 个小时，这真实地印证了著名作家王蒙诗意地称喀纳斯是“比遥远更远的地方”。美丽富饶而又神秘的喀纳斯景区位于阿勒泰地区西北角，它被称为“神的自留地”，是中国最美的地方之一。联合国一位环境保护官员于 1995 年考察喀纳斯后认为，喀纳斯是当今地球上最后一块未被开发利用的景观资源，它的价值在于证明人类过去曾有无比美好的栖身之地。

游客朋友们，接下来就由我带领大家去领略人间仙境——喀纳斯。

第二节　景区概况

一、地理位置、气候、水文、交通、人文等要素

地理位置：喀纳斯位于新疆维吾尔自治区阿勒泰地区布尔津县境内北部，距县城 150 千米，是一个坐落在阿尔泰深山密林中的高山湖泊。

气候：喀纳斯风景区属于寒温带地区，寒冷期长，无霜期短。由于地处欧亚大陆腹地，远离海洋，纬度较高，相对高差悬殊，地形复杂，形成了独特的气候特征，这里年平均气温-0. 2℃，极端最高气温 29. 3℃，最低气温-37℃。降雪从 10 月至翌年 3 月，积雪可达 1—2 米深。

水文：喀纳斯湖属于北冰洋水系。湖水来自奎屯峰和友谊峰等冰川融水和当地降水，从地表或地下泻入喀纳斯湖。湖面海拔 1374 米，面积 45. 73 平方千米，湖水最深处达 188 米左右。

交通：直达航班，乌鲁木齐地窝堡机场 T1—喀纳斯机场南方航空 CZ5101 波音 737；中转航班，乌鲁木齐地窝堡机场 T1—阿勒泰机场—喀纳斯机场海航旗下天津航空 GS7557 转幸福航空 JR1595。铁路，乌鲁木齐—阿勒泰 K9735。公路，S21 线乌鲁木齐—阿勒泰（全长 342. 5 千米），G216 线乌鲁木齐—布尔津（全长 662 千米），G217 线乌鲁木齐—布尔津（全长 680 千米）。

人文：阿尔泰山是新疆草原历史文化的汇聚之地，拥有非常丰富的古代岩刻、草原岩画、洞窟彩绘、草原鹿石、雕刻石人等草原历史文化遗产，有“千里岩画长廊”之美称，具有很高的科学和旅游观光价值，同时阿尔泰山还有“人类滑雪

最早起源地”之称。在这里游牧的哈萨克族，被认为是世界上搬家最频繁的民族，一个人一生中要搬400多次家。在喀纳斯湖畔居住着一个原始部落，以放牧狩猎为生，他们以图瓦人自居，据说是成吉思汗的后裔。至于图瓦人的来历也是一个谜。

二、建设发展历史简介

喀纳斯景区1986年被国务院批准为国家级自然保护区，2001年被国家评定为4A级景区、全国旅游文明风景示范区；2003年又被正式命名为国家地质公园，纳入国家“人与生物圈”网络成员，2003年8月被中国摄影家协会评为“中国摄影家协会创作基地”，2003年9月被国家林业部评为“国家森林公园”；2004年11月被中国西部大开发活动组委员会和中国西部发展研究中心授予“新疆十佳风景名胜区”的荣誉称号；2005年10月，入选“中国最美五大湖之一”，同时喀纳斯湖畔图瓦村入选“中国最美六大古镇古村之一”；2006年4月荣获“中国最值得外国人去的50个地方”金奖；2007被国家评定为5A级旅游景区；2010年10月，喀纳斯秋景被《中国地理》杂志评为中国最美秋景，位列第一；2018年4月13日，入围“神奇西北100景”；2020年6月，位列“2019年度5A级景区品牌100强榜单”第10位。

三、景区游览服务提示

1. 喀纳斯是无烟景区，请大家在景区内不要吸烟，注意防火。

2. 喀纳斯景区内请勿投喂野生动物，更不要捕捉野生动物。

3. 喀纳斯景区天气多变，早晚温差较大，请大家注意增减衣服。同时，这里天晴有太阳时紫外线较强，容易灼伤皮肤，请大家做好相应防护。

4. 请大家保管好手中的车票，在景区内可以凭票在站点搭乘任一观光车。

俯瞰喀纳斯景区

第三节　景区区域分布导览与景点考试讲解要点

一、景区区域分布导览

（一）区域分布

喀纳斯风景区的区域的布局及结构：喀纳斯湖神秘景区、环湖观鱼景区、图瓦文化景区、奇湾圣泉景区

（二）游览路线

贾登峪（售票处）→驼颈湾→白桦林→卧龙湾→月亮湾→神仙湾→鸭泽湖→喀

纳斯湖畔（码头）→喀纳斯新村→观鱼台

二、景点考试讲解要点

（一）贾登峪游客服务中心

各位游客朋友们：

现在我们所处的位置是距喀纳斯湖36千米的“贾登峪”，也叫贾登峪游客服务中心。为了资源的永续利用，更大程度地减少游人对湖区的污染，保持湖区的原始生态，喀纳斯已将景区与生活区彻底分离，将贾登峪作为喀纳斯景区的综合服务区。形成吃、住、行、游、购、娱为一体的综合接待基地。

贾登峪是一个小型的山间洼地，这里溪流汇集，谷地中有沼泽和大片的天然草场，春秋季节，野花盛开。山谷周围的坡地上有大片的森林，环境优美。贾登峪除了有设施完善、优雅舒适的宾馆酒店以外，还结合当地的民族文化特点，安排了丰富多彩的表演和娱乐项目。

喀纳斯地质公园的标志物——公园主碑就矗立在游客中心广场。喀纳斯游客中心广场里，有对喀纳斯进行全面介绍的博物展示与陈列，在游览喀纳斯之前，先参观游客中心将会使您对景区有一个全面的了解。

关于贾登峪名称的由来，当地流传着一个动人的传说。传说“贾登”是400多年前一位图瓦神秘猎人的名字，“峪”在哈萨克语中是“房子”的意思，“贾登峪”意为“贾登的房子”。

（二）驼颈湾

朋友们，我手所指的方向是我们今天进入喀纳斯河谷的第一个景点——驼颈湾，哈萨克语称之为“博托莫衣”，意思是骆驼的脖子，细心的游客也许注意到，喀纳斯河在此形成“之”字形的大拐弯，由东南转向西南，后又转向东，很像骆驼的脖子。驼颈湾四周森林密布，主要树种有西伯利亚落叶松、西伯利亚云杉、欧洲山杨、疣枝桦以及林下密布的刺蔷薇、多刺蔷薇等灌木，是景区内秋色最美丽的地段之一。这里水流湍急，层林叠嶂，到了秋季，整个山林五彩斑斓，欧洲山杨是火红的，白桦树是金黄的，多刺蔷薇、刺蔷薇等灌木是橘红的，而云杉、冷杉等则是常青翠绿的，它们在蓝天白云和碧波清流的映衬下，遥遥远望，山水相连，山和树倒映在水中，红叶颤抖，水有了颜色，加上山间云雾缭绕，此番美景真是美不胜收。

（三）白桦林

请大家透过车窗看路两旁，有些树皮呈白色的树，那就是疣枝桦。因为体态修长，树干挺拔，树皮洁白光滑，下垂的枝条飘逸清秀，所以当地人称它为“林中少女”。大家是否注意到大部分白桦树旁边都会有一棵松树或杨树，她们结伴而生，共同抵挡风雨。所以当地人称这一带为“情人岭”。大家看，那些白桦树干上都有一些酷似眼睛的树结，那是情人的眼睛，在每年四月中旬的时候，会流出一种透明的白桦液，当地人称为“情人的眼泪”。

白桦树的树干虽然看上去都很苗条，但她们的树龄可都不小了，大都在100多年，最大的250年。这么大年龄了还保持着18岁少女般的身姿，图瓦人的解释是，因为思念和爱，让她们永远保持着18岁的模样，不会衰老。

喀纳斯“调色盘”

（四）卧龙湾

各位朋友，我们即将到达喀纳斯景区的代表性景点之一的卧龙湾。因河湾中有一处酷似龙形的河心洲而得名。按其形状，本地人也叫它喀赞湖——即“锅底湖”。卧龙湾海拔1325米，喀纳斯河在此段穿流于古冰川U形谷底的冰川堆积物中，本来是一段普通的河湾，若干年前，卧龙湾下方的左岸支沟暴发了泥石流，右岸发生了多处坍塌，泥石流和坍塌的堆积物使局部河道淤塞变窄，使得上方河面变宽，水流变缓，泥沙在河中及岸边堆积形成河洲，造就了绮丽多彩的卧龙湾景色。

大家看河湾两岸是以杉树和桦树为主的针阔叶混交林，树影斑斓、水色奇幻，四季变化，尤其是秋色令人心醉神迷，是喀纳斯最著名景点之一，也是众多的摄影爱好者和广大游客最喜爱的拍照地点。您既可在河岸山坡登高远眺，也可沿河畔的游览小道漫步寻幽，尽情享受喀纳斯美丽的风光。

（五）月亮湾

朋友们，离开了卧龙湾，我们来到另一处仙景。喀纳斯河在这里形成极富曲线和韵律美的河湾，很像一轮弯月，故名月亮湾。月亮湾海拔 1326 米，它是卧龙湾河曲的延伸部分，喀纳斯最富魅力，最具代表性的景观之一。摄影家在这个景点上拍摄的图片已成为喀纳斯走向世界的一张名片。月亮湾的形成与河流的侵蚀作用有关。月亮湾与卧龙湾之间的河岸阶地为冰碛阶地。由于河水在河流拐弯处自身的运动规律，河流在演变过程中向其西岸侵蚀，使河道最终形成如今美丽的弯月状。卧龙湾上方的喀纳斯河右岸，有一个很大的崩塌体曾经堵塞了喀纳斯河，虽然这道天然堤坝后来被冲毁，但河床中仍残留了崩塌石块的堆积体，它使月亮湾水位升高，淹没了原来的河岸阶地，但在水面以上还保留了几块脚掌形的草滩，被人们喻为“神的脚印”。传说这是当年一代天骄成吉思汗健步如飞，追击敌人时留下的脚印。无论哪个传说都是前人对大自然神奇力量的一种感悟，一种解读，也为我们今天的喀纳斯旅游增添了一抹神秘的色彩。

（六）神仙湾

离开了美丽多姿的月亮湾，不知不觉我们来到了神仙湾。神仙湾海拔 1327 米，由于受下游泥石流和山体崩塌堆积形成堰塞，使这里成为喀纳斯河最宽的河段。河水流速缓慢，在这里无论是夏季还是冬季、在早晨或雨后，总有像轻纱一样的云雾缭绕着，让人置身于仙境，因此称之为“神仙湾”。而有太阳的时候，水面上波光粼粼，像一粒粒的珍珠洒在上面，图瓦人说，这些珍珠是成吉思汗没来得及藏起来的珍宝。因此，在有太阳的时候，这里的人们称它为“珍珠滩”。有云雾的时候才叫它“神仙湾”，两个名通常是分别使用的。也有人根据这个特点，称它是“阴阳景”“两幅画”。又有阳光又有云雾时两名并用，这种阴阳同现的情景，也常能见到，堪称绝美的奇景。一个景点两道风景，双名并用，若同时看到，则两全其美。

（七）鸭泽湖

现在大家从车窗里看到的就是鸭泽湖，它位于喀纳斯村南边，呈长形蝶状，海拔 1335 米，长约 2 千米，平均宽度 800 米左右，面积约 1. 3 平方千米，它是早期的喀纳斯湖冰川终碛堤前缘形成的沼泽湿地。也是一个因地壳抬升形成的湿地沼泽。湖水与周围开阔的沼泽湿地和河谷草原上，栖息着种类繁多的禽鸟，成群的野鸭、大雁和天鹅等时常光顾此地，在宁静的水面上安闲地游戈，当鸟群被惊动时，它们便会一只只、一批批渐次飞起，翅膀拍打着水面，十分壮观，而绒毯般的沼泽草原上牛羊在悠闲地吃草，白色的蒙古包星星点点，毡房前的地灶上，炊烟袅袅，与青山和白云构成一幅人畜共居、人鸟相伴的美好图景。

（八）喀纳斯湖畔

喀纳斯湖畔分为东西2个部分，东岸是弯月形的内侧，沿岸有六道向湖心凸出的基岩平台，使湖岸形成井然有序的六道湾。每一道湾都有一个神奇的传说。其中第一道湾的基岩平台，为一个巨大的羊背石，上面有两处岩画，好似一只卧羊，昂首观湖，临湖生长着一棵西伯利亚雪松，仿若在翘首迎接客人的到来；二道湾是湖水最深的地方，也是传说中的“湖怪”经常出没之地；三道湾有一处天然的观湖台，每当夕阳西下，立在台上，了望湖西岸，好似一位伟人屹立于湖畔运筹、勾画祖国未来的腾飞蓝图，因此也称为“伟人山”；四道湾有一个美丽的湖心岛叫“长寿岛”，小岛是一整块跃出水面的巨石，上面树木葱郁；五道湾湖畔有一座“喜鹊山”，百鸟聚集，喜鹊成群；转过六道湾就到了湖的尽头，在壮丽的雪山下，“枯木长堤”的奇景便展现在眼前。

（九）喀纳斯新村

亲爱的游客朋友们，随着车辆的前行，大家可以看到左前方有一片村庄，那就是喀纳斯新村。喀纳斯新村是我们前往观鱼台途中的第一道风景。由于景区发展及自然环境的需要，一部分图瓦人家从喀纳斯老村迁到了这片水草丰美的平地上，形成了喀纳斯新村。新村和其他图瓦人家的房屋一样，大多都是用原木搭建的塔形木屋，这种建筑称作“木楞屋”，四壁由原木垒砌，有天棚有地板，屋顶呈尖斜状，以适应山区雨雪多的环境。村子里原木搭成的房屋，木篱笆围起的院子，还有木板铺成的小路，一切都充满了自然本真的味道。南边的喀纳斯河潺潺流过，仿佛流淌着喀纳斯生命的脉络，为这片土地带来了生机和灵动。

（十）观鱼台

现在，我们看到前方山顶上的亭台，就是喀纳斯的著名景点——观鱼台。观鱼台最早建立于1986年，现在大家所看到的观鱼台于2009年10月1日剪彩落成，由我国著名园林景观设计大师吴肇钊教授设计，著名学者、文化大师余秋雨先生为其题写匾额。登上观鱼台可以饱览整个喀纳斯湖的美景，同时观鱼台是观察湖怪的最佳位置，也是观看云海佛光、变色湖的理想场所。

观鱼台素有“上山观湖，下山观花”之说，上观鱼台的沿途可谓是一步一景，四季不同。春夏之际百花园中盛开的野牡丹、野百合、阿山金莲以及许多不知名的花近在眼前；山脚下图瓦村落安静祥和；湖泊河流时隐时现，碧水蓝天、湖光山色，尽收眼底。秋季，层林尽染，分布各异的树种呈现出丰富多彩的颜色，赤、橙、黄、绿、青、蓝、紫烘托着山顶耀眼的雪白，倒映在翡翠般的喀纳斯湖面，形成一幅色彩夺目的画卷。冬季，观鱼台傲立于雪峰之上，恬静而又寂寞，超凡而又淡然。

观鱼台木栈道　　周卫 摄

都说观鱼台是观看“云海佛光”“变色湖”“湖怪”三大谜的最佳场所，接下来将依次向各位朋友解说。

云海佛光之谜——“云海”大多出现在清晨、傍晚或雨后，云如大海一样波涛汹涌、气势磅礴。然而，“佛光”却可遇不可求，既要求清晨或傍晚雨过天晴、云雾弥漫之时，又要求有机缘。所谓“佛光”就是太阳光照射在人身上后又投放在云雾之中，形成带着七色彩环的身影。“佛光”大约可以持续一刻钟，在山脊之中，一面的阳光越强烈，另一面的云雾越浓密，则佛光的影像就越清晰，随着太阳的高度和光线的角度变化逐渐隐去。

变色湖之谜——喀纳斯湖是有名的“变色湖”，在春夏秋三季，只要各位留心观察，就会看见湖水会随着季节和天气的变化而变换颜色：五月的湖水呈青灰色；六月湖水呈浅绿或碧绿色；七月由碧绿色变成微带蓝绿的乳白色；八月湖水呈现墨绿色；九至十月，湖水呈现翡翠色；十一月至来年四月为结冰期，这时候，整个喀纳斯湖就完全变成了一个银白世界。

在一天之中，喀纳斯湖也会因晴天阴天、云高云低而变换深浅颜色。引起喀纳斯湖水变色的原因大致有四种：第一，跟水中所含矿物质有关，不同的矿物质在不同的光线下，呈现出不同的颜色；第二，跟湖水深浅有关，湖水深的地方颜色就深，湖水浅的地方颜色就浅，第三，跟周围山体色彩有关；第四，跟阳光角度变化和不同季节的光线作用有关。俗话说“百闻不如一见”，希望您登上观鱼台亲自领略神秘的喀纳斯湖带来的炫彩斑斓。

湖怪之谜——喀纳斯湖里生长着八种鱼类，哲罗鲑就是其中的典型代表。哲罗鲑俗称大红鱼。说到大红鱼，自然会有人联想起喀纳斯湖怪的传闻。有专家认为湖怪就是巨型哲罗鲑，也有人认为湖怪也许是一种人类尚未认识的新物种，或者是一种远古时期遗留下来的巨型爬行生物。观鱼台是俯瞰喀纳斯湖全景的最佳地点，故而很多有关湖怪的视频及新闻都是在观鱼台上拍摄记录的。在这里愿幸运的您能在观鱼台为湖怪留下珍贵的影像资料，或者您可以选择乘坐双湖游船，近距离地感受神奇的喀纳斯湖水，游览喀纳斯最著名的三湾风光，在双湖游船上疾驰的您说不定还可以一睹湖怪的真容。

观鱼台俯拍登山木栈道　　周卫 摄

第四节　欢送词

【示例 1】

各位游客朋友们：

虽然舍不得，但还是不得不说再见，新疆喀纳斯之行即将结束，感谢×××师傅一路保驾护航，感谢朋友们对我工作的配合和支持，感谢朋友们对我工作的批评指正。在这次旅游过程中，虽然我已经尽力，但还是有些地方做得不到位，大家的理解使我非常感动。也许我不是最好的导游，但是大家却是我遇见最好的客人，能带领最好的客人领略“人间净土”喀纳斯的美景，这是我作为导游莫大的荣幸。

朋友们，这次旅行从喀纳斯湖的秀美中我们感受到了伟大祖国河山的美好，从阿勒泰山友谊峰的挺拔我们体验到了伟大祖国土地的宽广，从喀纳斯图瓦人的苏尔乐器中我们欣赏到了伟大祖国神奇而又多元的文化，希望此次美好的行程永远留在您的记忆当中。

欢迎大家再次光临喀纳斯。

【示例 2】

各位游客朋友们：

美好的时光总是短暂的，感谢朋友们对我工作的支持和配合。朋友们出来旅游，收获的是开心和快乐；而我作为导游，收获的则是友情和经历。希望朋友们回到自己的家乡以后，能向自己的亲朋好友宣传我美丽的家乡——新疆。

大美新疆是一幅画，是一幅磅礴多元的中国山水画；大美新疆是一首诗，是一首饱含深情的中国山水诗；大美新疆是一首歌，是一首荡气回肠的中国山水歌。短暂的喀纳斯之行只是大美新疆之画的一角，期待下次您和您的朋友能够再次来我们新疆其他地方旅游，在旅游的过程中去看，去听，去感受新疆之大美！

最后，祝朋友们的生活顺顺利利，工作步步高升，家庭和和美美，日子越过越开心，愿大家归途一切顺利，一路平安！

第五节　景区知识考试问答

【1】布尔津喀纳斯机场位于哪里？其意义是什么？

答案：位于中国新疆维吾尔自治区阿勒泰地区布尔津县喀纳斯景区南缘海流滩

地区。海流滩在蒙古语中的准确叫法是“哈路特”，意指百鸟聚集的地方。

【2】阿尔泰山脉最高峰是什么？有多高？

答案：友谊峰，高 4374 米。

【3】图瓦人的三村分别是哪三村？

答案：分别是禾木村、白哈巴村、喀纳斯村。

【4】喀纳斯的四大奇观分别是哪些？

答案：分别是“湖怪”“云海佛光”“变色湖”“枯木长堤”。

【5】引起喀纳斯湖水变色的原因有哪些？

答案：第一，跟水中所含矿物质有关，不同的矿物质在不同的光线下，呈现出不同的颜色。第二，跟湖水深浅有关，湖水深的地方颜色就深，湖水浅的地方颜色就浅。第三，跟周围山体色彩有关。第四，跟阳光角度变化和不同季节的光线作用有一定关系。

【6】什么是“泰加林”，有哪些植物？

答案：“泰加林”一词最初来自俄语，原指极地附近与苔原南缘接壤的针叶林地带，现在这一术语泛指寒温带的北方森林。新疆以落叶松（别名：西伯利亚落叶松、红松）为主，混生新疆云杉、新疆冷杉、新疆五针松。

【7】阿勒泰地区草原石人的特点是什么？

答案：草原石人选用整块岩石雕凿而成。有的雕凿了全身人像，头部、脸部、身躯，生动逼真，线条明快。有的佩戴的饰物件件可数，造型细腻。而有的仅仅是一块大石头上浅浅刻画出几条细线，粗略地显出脸形的轮廓。这里的石人像最高的有三米多，最矮的也有六七十厘米。

【8】禾木看到的图瓦人的木头房子带个尖顶，这个尖顶有哪些好处？

答案：这个尖顶好处很多，雨雪在房顶上存不住，都滑落下来了，不会造成积雪积水，压塌房顶和漏水的问题，而且这个尖顶子中间是空的，像阁楼一样，可以存放许多东西，既通气，又防水。

【9】图瓦人的饮食习俗有哪些？

答案：图瓦人主食以奶制品、牛羊肉及面食为主。

【10】云海佛光是怎样形成的？

答案：“云海”大多出现在清晨、傍晚或雨后，云如大海一样波涛汹涌、气势磅礴。所谓“佛光”就是太阳光照射在人身上后又投射在云雾之中，形成带着七色彩环的身影，看上去就像佛陀放射着佛光端坐在仙云紫气之中。“佛光”大约可以持续一刻钟，在山脊之中，一面的阳光越强烈，另一面的云雾越浓密，则佛光的影像就越清晰，随着太阳的高度和光线的角度变化逐渐隐去。

【11】阿勒泰地区游牧民族为什么要转场？

答案：因为阿尔泰山区冬天雪厚风大，牛羊无法过冬，只有转移到山下放牧。待夏天山上雪消草绿的时候再赶羊群回来。

【12】额尔齐斯河和北冰洋的关系是什么？

答案：额尔齐斯河是我国唯一流入北冰洋的河流。

【13】“阿尔泰”在我国古代汉文典籍翻译为什么？

答案：我国古代汉文典籍将之译为“金微山”或“金山”。阿尔泰山自古盛产黄金，是世界闻名的黄金宝地。

【14】图瓦人比较独特的乐器是什么？并作介绍。

答案：他们有一种非常独特的乐器“楚尔”。据说是汉朝“胡笳十八拍”乐器中的一种，“楚尔”乐器非常独特，是用喀纳斯湖边生长的一种叫“芒达勒西”的苇科植物茎秆掏空钻孔后调制而成。楚尔吹奏技巧极难，用于演奏的孔只有 3 个，却能够完成一个美丽的合声，所以“楚尔”又被音乐研究者们誉为中国古代音乐的活化石。

【15】喀纳斯名称的来历

答案：目前最通俗的一种解释是喀纳斯为蒙古语“深水”的意思，后来引申为“神秘而美丽的地方”和“圣洁之水”。

还有一种说法：喀纳斯，是蒙古包的木栅之意。

另一种说法：喀纳斯，最初的读音是“汗纳斯”，意思是属于大汗的水，帝王之水，王者之水。

第六节 教学互动练习和拓展知识窗

一、互动练习

（一）模拟地方导游人员到喀纳斯机场迎接游客的工作程序。

（二）模拟团队游客在喀纳斯景区游览过程中走失导游该如何处理？

二、拓展知识

（一）新疆的地理概况

新疆的“疆”字本身就是一张新疆地图，左边的“弓”，代表新疆5600多千米的边境线。弓字右边，是三横夹两田，三横分别代表阿勒泰山、天山和昆仑山。而夹在中间的两个“田”，就是新疆的两大盆地——准噶尔盆地和塔里木盆地。

（二）额尔齐斯河简介

额尔齐斯河发源于我国阿尔泰山南麓向北流出国境，经西伯利亚注入北冰洋。是中国唯一流入北冰洋的河流。全长4248千米，在中国境内长546千米，流域面积5.7万平方千米，

年径流量多达111亿立方米，水量仅次于伊犁河，居中国新疆第二位，号称新疆第二大河。额尔齐斯河沿岸风光壮美，正应了“金山”而有“银水”之美称。

（三）哈萨克族牧民为什么要转场？

因为阿尔泰山区冬天雪厚风大，牛羊无法过冬，只有转移到山下放牧。待夏天山上雪消草绿的时候再赶羊群回来。转场牧道短的几十公里，长的几百公里。如果赶上转场季节，就会看到成千上万的牛羊通过这条牧道出入阿尔泰山，那是游牧文明的壮美奇观。在这里游牧的哈萨克族，被认为是世界上搬家最频繁的民族，一个人一生中要搬400多次家。

第三章

吐鲁番葡萄沟景区

第一节 欢迎词

【示例 1】

各位游客朋友们：

大家好！

请允许我代表×××旅游公司，对各位的光临表示热烈的欢迎。我是导游，我叫×××，我身后的这位是有着丰富驾驶经验的张师傅。接下来由我和张师傅为大家提供全程服务。为了确保这次旅游的顺利进行，希望大家能积极配合我们的工作。

首先请大家系好安全带，保持车内的卫生。在旅游过程中，大家若有什么问题和需求，及时向我和张师傅提出，我们会竭尽全力满足大家的要求。

在新疆各地传唱着这样一首歌“吐鲁番的葡萄熟了，阿娜尔罕的心儿醉了”，美妙的歌词成了新疆“瓜果之乡”的象征。大家也一定想知道吐鲁番为什么被称为“火洲”吧？是因为吐鲁番地区独特的地理位置和气候条件所决定的，吐鲁番属于典型的大陆性暖温带荒漠气候，日照时间长、昼夜温差大、降雨量稀少，是我国少有的干燥、炎热地区。正是因为有了这样独特的自然条件，才能够种出最甜的瓜果、生产出世界上最甜的葡萄。说到这里，大家已经充满期待了吧？

那就让我们带着美好的祝福和期望，唱着甜蜜的歌儿，去感受炎炎夏日吐鲁番的清凉世界——葡萄沟吧。

【示例 2】

各位游客朋友们：

大家好！

迎着清晨一缕灿烂的阳光，沐浴着清凉的晨风，今天的旅行即将在这明媚的阳光中拉开序幕。欢迎大家来到我可爱的家乡美丽的吐鲁番旅游观光。我是大家的导游，我叫×××，大家叫我×导就可以了。这次旅行，为我们保驾护航的是李师傅。接下来，将由我和李师傅为大家提供服务。

新疆有一首歌谣“吐鲁番的葡萄哈密的瓜，库尔勒的香梨没有渣，叶城的石榴顶呱呱，阿克苏的苹果人人夸”。第一句就道出了我们引以为豪的吐鲁番葡萄。不来葡萄沟品尝甜美的葡萄和感受清凉的世界，就不能体会到吐鲁番炎炎烈日之外的那份清凉和惬意。

人们常说吐鲁番有“四最”：“最干、最热、最低、最甜”。“最干和最热”指的是吐鲁番的气候干燥、炎热，夏季最高温度可达40℃以上；“最低”指的是吐鲁番有个叫艾丁湖的地方，海拔-154米，是世界第二洼地；“最甜”指的就是吐鲁番葡萄的含糖量最高，世界上最甜的无核白葡萄，驰名中外。

而我们今天即将游览的就是素有火焰山下“绿洲”之称的国家5A级旅游景区——葡萄沟。让我们一起去感受她的魅力吧！

第二节　景区概况

一、地理位置、气候、水文、交通、人文等要素

地理位置：葡萄沟，位于吐鲁番市区东北10千米处，是火焰山下的一处峡谷，南北长约8千米，东西宽约2千米；属于吐鲁番葡萄沟景区管理委员会管辖。

气候：吐鲁番属于典型的大陆性暖温带荒漠气候，日照充足，热量丰富，但又极端干燥，降雨稀少，且大风频繁，故有“火洲”“风库”之称。全年平均气温13.9℃，高于35℃的炎热日在100天以上。夏季极端高气温为49.6℃，地表温度多在70℃以上，有过%1.3℃的纪录。冬季极端最低气温-28.7℃；全年10℃以上有效积温5300℃以上，无霜期长达210天左右。

水文：吐鲁番地区气候干燥炎热，降雨量少，年平均降水量仅有16毫米，而蒸发量则高达3000毫米以上。主要水源来自天山山脉的冰川融雪和地下水利工程坎儿井。

交通：葡萄沟景区交通十分便利，有G312线直通，并有主干道通往吐鲁番市区，G30线高速设有出入口，毗邻高铁北站和交河机场。X474与S202线在葡萄沟北交汇。从乌鲁木齐至吐鲁番全程198千米，乘长途汽车或自驾车前往有高速公路连接，也可乘动车前往，每日车次时刻（具体以铁路部门最新公布为准）：D8802、D8806、D8804、D8808、D8812。

人文：《史记·大宛列传》和《汉书·西域传》记载，2000多年前，张骞出使

西域发现这里种植有葡萄，如今这里建有王洛宾音乐艺术馆；著名的达瓦孜表演；青蛙巷民族团结村；阿凡提游乐园。

二、景区建设发展历史简介

2007年5月8日，吐鲁番市葡萄沟景区经原国家旅游局正式批准为国家5A级旅游景区。2008年12月26日经自治区文明办、自治区建设厅、自治区旅游局审查合格，命名葡萄沟景区等9个景区为自治区文明风景区，2009年2月19日正式颁牌。2018年4月13日，入围“神奇西北100景”。

三、景区游览服务提示

1. 在葡萄沟景区参观时，请大家不要随意采摘葡萄，想品尝葡萄可以到售卖处去购买。

2. 吐鲁番天气炎热，要注意防暑，吃完葡萄请不要立即饮用热水，以免引起腹泻或不适。

3. 在游览时尊重当地少数民族风俗习惯。

4. 请大家注意：葡萄沟景区区间车上行时，只在终点站“葡萄沟游乐园”停靠，下行时在各指定站点停靠。

第三节　景区区域分布导览与景点考试讲解要点

一、景区区域分布导览

（一）区域分布

游客服务中心、葡萄沟游乐园、王洛宾音乐艺术馆、达瓦孜风情园、青蛙巷民俗村、阿凡提风情园、葡萄沟民俗村。

（二）游览路线

葡萄沟景区→葡萄沟游乐园→王洛宾音乐艺术馆→达瓦孜风情园→青蛙巷民俗村→阿凡提风情园

二、景点考试讲解要点

（一）葡萄沟景区

葡萄沟景区是国家5A级旅游景区，位于吐鲁番市区东北10千米处，呈南北走向，全长8千米，东西宽约2千米，海拔300米左右。葡萄沟处于火焰山西段山脉，山体呈灰褐色，两侧山崖对峙，山上寸草不生，烘托出葡萄沟“绿洲”的景色。其成因是，距今约2000万年前喜玛拉雅造山运动时期，在天山山脉东部的博格达南坡地带形成了一个褶皱形山脉。由于火焰山的断裂和长期的河水冲击，形成了今天的葡萄沟。葡萄沟是火焰山山谷中最大的沟谷，沟内地质为第三纪砂岩，经流水侵蚀形成的沟谷，沟内土壤经流水搬运沉积形成，经人工种植改良为耕地。葡萄沟两侧为山坡，布依鲁克河横穿其间，溪流顺着沟谷两侧环绕，沟谷两岸悬崖陡峭，沟下河边以及山坡上种植着各种葡萄。她像一条绿色的丝带，飘逸在盆地中央，使这里成为烈日炎炎吐鲁番的一处清凉世界。这里种植的葡萄品种有无核白、马奶子、百加干、红玫瑰、索索等100余种，形成了一所天然的葡萄博物馆。吐鲁番盆地独特的自然条件，使这里出产的葡萄都没有病虫害，不需要喷洒农药，因此，吐鲁番的葡萄和葡萄干可谓是难得的天然绿色果品。葡萄沟内除了种植葡萄以外，还有桃、杏、梨、石榴、无花果、桑葚等，各种花果、树木点缀其间，令人目不暇接。

葡萄沟　　周卫 摄

据《史记·大宛列传》和《汉书·西域传》记载，早在2000多年前，西汉张骞出使西域，就发现了这里有种植葡萄，并将葡萄种子带回到中原。另外，在吐鲁番阿斯塔那古墓的随葬品中也发现了葡萄干和葡萄子。在墓室墙壁的绘画中也出现过葡萄园。《后汉书》就记载过吐鲁番邻近的伊吾（今哈密）早在汉代就广种葡萄，所以，适合于种植葡萄的吐鲁番应该不会晚于这一时期。当时在吐鲁番葡萄种植的规模，也反映了葡萄种植在人们生活中的重要地位。

葡萄沟是吐鲁番“火洲”中的一片绿洲，气候属暖温带干旱荒漠气候。沟内是成片的葡萄种植园，以盛产优质葡萄而驰名中外。尤其是无核白葡萄，素有“绿珍珠”之美称，含糖量高达20%—24%，居世界之冠，用它晾制的葡萄干，含糖量高达70%以上，是葡萄中的珍品。

葡萄沟里居住着大约一万多居民，主要有维吾尔族、汉族、回族、满族、哈萨克族、俄罗斯族等民族，他们正演绎着古朴的民俗民风，诉说着古老而悠久的文化。

（二）葡萄沟游乐园

坐落在葡萄沟深处的“葡萄沟游乐园”，始建于1981年3月，历经40多年的变迁，葡萄沟游乐园已形成集旅游、购物、娱乐、餐饮、住宿于一体的充满神奇色彩的自然风景区。这里有民俗馆，葡萄长廊，迷人的歌舞，神奇的千泪泉瀑布，风格独特的民族风味餐，还有百年古桑树，琳琅满目的各种葡萄、干果、瓜果等。1988年9月，彭真委员长来到葡萄沟，亲笔题书“葡萄沟”三个字，现在已成为葡萄沟游乐园的标志。走进葡萄沟游乐园，仿佛来到了葡萄的海洋，我们可以享受火洲的“清凉世界”，感慨大自然的神奇和鬼斧神工的杰作，体验葡萄带给人们的快乐和喜悦。

（三）王洛宾音乐艺术馆

穿过800米葡萄长廊，远远看到王洛宾音乐艺术馆前“西部歌王”“人民音乐家”王洛宾的青铜塑像，歌曲《在那遥远的地方》几乎传遍了全世界。他是一位有着强烈爱国精神的音乐艺术家，他的足迹遍布祖国的大江南北，先后收集、整理、改编、翻译了几十个民族的1000多首民歌，并创作了大量具有浓郁西部特色的优秀民歌，吐鲁番也是他曾经停留过的地方，他把大量的民歌经过改编后，传唱到内地和世界各地。虽然王洛宾不是吐鲁番人，但美丽的葡萄沟不能没有优美的音乐，王洛宾就是西部美乐的代表。2000年6月18日，竖立着王洛宾塑像的王洛宾音乐艺术馆在葡萄沟落成，每年也吸引着无数中外游客慕名前来。来到王洛宾纪念馆，既可以欣赏到王洛宾先生创作的歌舞表演，又可以了解西部歌王的艺术生涯。王洛宾先生1913年12月28日出生于北京一个小职员家庭，他的父亲是一个京戏迷，闲来无事，常在四合院内拉起胡琴自娱自乐。要说王洛宾一生与音乐结缘一定要有某种熏陶的话，那最多也就这一点点罢了。王洛宾从小就是个“不安分”的人，13岁那年只身跑到东北投奔红色苏俄未成，18岁考入北平艺术专科学校，跟随俄国沙皇的小姑母学习西洋音乐，后来因家庭贫困、难以供养而辍学。24岁那年，北平卢沟桥事变爆发，他再次出走，奔赴大西北参加了作家萧军、塞克、丁玲领导的西北抗日战地服务团。在六盘山下，一次偶然的机会，他听到了一个名叫“五朵梅”的乡村妇女唱的一首《花儿》，他被那纯朴、率直、热情、奔放的旋律所震撼，下决心在西北扎下根来，搜集整理和创作西域民歌。

王洛宾在西北创作出了《达坂城的姑娘》《草原情歌》《阿拉木汗》《半个月亮爬上来》等1000多首情歌。其中，王洛宾创作的《黑力其汗》等新疆民歌就是描写吐鲁番的经典之作。他是第一个把新疆民歌传入内地，使中国的西部民歌不仅流传全国，而且传遍了全世界。

王洛宾于1913年出生于北京，1934年7月毕业于北京师范大学音乐系，1949年参加中国人民解放军，随王震大军进疆，1996年3月14日，因患胆囊腺癌在乌鲁木齐病逝，享年83岁。

王洛宾先生把自己的毕生精力奉献给了中国西部民族音乐艺术的创作和传播事业，是20世纪中国最负盛名的音乐家之一，被誉为西部歌王、民族音乐大师；一生创作、收集、整理、改编歌曲1000余首，创作歌剧七部，出版歌曲集六册，其中《在那遥远的地方》《半个月亮爬上来》被评为20世纪华人音乐经典，并获得国家颁发的“金唱片特别创作奖”；《达坂城的姑娘》《阿拉木汗》《掀起你的盖头来》《可爱的一朵玫瑰花》《青春舞曲》《玛依拉》和《在银色的月光下》等歌曲，在国内外广为流传，已成为中华音乐宝库中的经典之作。为表彰王洛宾先生为20世纪中华音乐传播所做出的突出贡献，联合国教科文组织于1994年7月授予他“东西方文化交流特别贡献奖”。

（四）达瓦孜风情园

位于葡萄沟景区的中段，占地面积近200亩（1亩≈666.67平方米）。它东边是陡峭的火焰山断崖，复古而又充满生机。谷内溪流环绕、草木芳香、名木、古树，葡萄藤蔓四处可见，在火焰山峰下，姿态各异的百年古桑树之间，坐落着以体现“土风土韵吐鲁番”为主题的达瓦孜风情园。园内，坎儿井溪流环绕，白杨树绿茵蔽日；葡萄藤蔓层层叠叠，成熟的果实如珍珠翡翠。

进入达瓦孜景区，首先映入我们眼帘的是一座座、一栋栋充满地域特色的建筑，人们仿佛进入了一个神秘的地方。这些独具特色的建筑风格和文化元素，深深地吸引着前来参观的游客。

葡萄沟近照

（五）青蛙巷民俗村

我们现在所处的位置是青蛙巷民俗村，全长6.2千米，最精彩的地方有800米。这里为什么叫“青蛙巷”？以前这里有许多泉水，溪流交错，形成了大小不一的河坝，非常适合青蛙的生长和繁殖。因此，当地老百姓把这里取名为“青蛙巷”。

青蛙巷有一个鲜为人知的美誉——百岁老人村。这里健在的百岁老人有5位。80—90岁的老人有15位。老人们长寿的秘诀到底是什么呢？那就是无污染的天山雪水、自然生态、园林环境、新鲜空气，并且邻里之间相互团结和睦、安逸的生活，成为他们健康快乐的秘诀。

接下来，请大家看看青蛙巷的民居。民居主要分为3部分：庭院、走廊、住房。首先我们看一下这个古色古香的大门。这里的百姓非常热爱生活，所以他们把花卉、树木，用质朴的颜色装饰在自己的大门上，这些鲜艳的色彩，不仅美观大方，同时也反映出当地居民热情豪放的性格。再看一下这个“门当户对”，门当和户对最早是古代中原地区建筑中两个重要的组成部分。门当原本是指在门前，左右两侧相对而置的石鼓，具有镇宅辟邪的作用。有门当必有户对。户对是指位于门楣上或两侧的圆柱形木雕。门当户对是中原地区中国传统建设形式，为什么会出现在吐鲁番呢？大家都知道，汉代张骞‘凿空西域’打通丝绸之路，使者相望于道，商旅不绝于途。丝绸之路首先是商贸之路，同时也是文化之路。各种商品在此汇集，各种文化在此交流。吐鲁番作为丝绸之路的重要驿站和中心城市，不同民族、不同文化在此碰撞、融合。门当户对就是这段历史的见证，也是民族团结和民族深度融合的体现。

现在我们来到一个维吾尔族家庭，家里共有5口人，只有1.3亩葡萄地，生活非常艰苦。为了改变这种现状，主人经常到葡萄干市场向汉族朋友学习、请教，和他们交朋友。没过多久，他不仅掌握了葡萄干的购销经验，还有了全国各地的销售网络，成了小有名气的老板。他致富不忘乡亲们，将自家的200多平方米的大院腾出来，主动向社区、街道申请了“文化大院”，由湖南省援建。还自掏腰包开设了图书馆、绿色网吧，还购买了各种文体器材。这里成了葡萄沟各族群众的开心窝、聚会点。生活在这里的各族群众每当农闲时，聚集到文化大院唱歌、跳舞、相互学习、相互交流，不仅活跃了基层农村的文化生活，也增进了各民族之间的感情。生活在这里的群众明白：没有和谐稳定的社会环境，经济就不会发展，人们的生活就不会幸福。正如我们吐鲁番甜蜜的葡萄一样，青蛙巷得益于党和国家的关怀、得益于各族人民的团结，成为葡萄沟百姓生活最甜蜜的地方。

（六）阿凡提风情园

位于葡萄沟中部具有神奇自然特色的地段，占地近30亩。是葡萄沟内最具鲜明主题文化风格的游览胜地之一。园内杏树成林，桑树遮日，这里不仅有吐鲁番常见的景观特色，更有充满浓郁的维吾尔民间文化、和阿凡提主题文化相关的葡萄长廊景观、民俗博物馆、阿凡提文化广场、水上餐厅等。

阿凡提风情园不仅是一个具有特色的观光游乐园区，同时也是阿凡提主题文化传播基地。阿凡提是童话世界中善良与智慧的化身，寻觅着他那诙谐幽默的歌声，现在带您走进阿凡提风情园。园内绿藤绿叶绿果实，绿色象征着生命，抬头可见烈日炎炎的火焰山，园内却藤蔓交织、空气湿润、凉爽宜人！判若两个世界。走进阿凡提故居，倾听维吾尔族朋友讲述他们心中的阿凡提的故事。

第四节　欢送词

【示例1】

游客朋友们：

大家好！

“终点又回到起点”，快乐的时光总是那么短暂，转眼间我们的吐鲁番之行就要结束了！虽然有很多的不舍，但还是到了该说再见的时候了，我由衷地感谢大家对我工作的支持与配合。在这次旅游过程中，难免会有不尽如人意的地方，还请大家多多包涵，也期望大家提出宝贵意见，您的意见和建议，将成为我成长道路上的动力。也许我不是最好的导游，但，大家却是我遇见过最好的客人，在旅游期间，大家相互关心、相互帮助、满满的正能量，使我很受感动。能和大家成为朋友是我的荣幸。

短暂的停留虽然有些遗憾，但是，大家的深情厚谊已经留在了我们新疆。新疆地大物博，值得体验和游览的地方还有很多，希望大家有机会再来新疆旅游，如果有缘我们再次相逢。

最后，祝大家身体健康、旅途愉快，一路平安！谢谢。

【示例 2】

各位游客朋友们：

大家好！

古人云：相见时难别亦难，不知不觉中我们的葡萄沟之行就要结束了。我相信，景色优美的葡萄沟，独具魅力的吐鲁番风光，都给大家留下了美好而深刻的印象。旅途中承蒙各位对我们工作给予的支持与协助，在此，我表示衷心的感谢。

大家从相识、相知、相伴，到成为朋友，一起度过了一段愉快而难忘的时光。当然，我们在工作中还存在许多不足，还望大家多多包涵，并提出宝贵的意见。我们会在今后的工作中不断提升和改进。最后，让我用一首新疆民歌来结束今天的旅行吧，“我们新疆好地方，天山南北好牧场”。谢谢大家！愿大家带上新疆人的热情、带上我们的美好祝福。

祝愿大家身体健康，旅途愉快，一路平安！并诚挚地欢迎大家再来新疆旅游观光。谢谢！

第五节 景区知识考试问答

【1】列举葡萄的功效？

答案：中医认为，葡萄微酸、味甘、性平，具有补肝肾、益气血、开胃和利小便之功效。

【2】请举例吐鲁番葡萄的品种有哪些？

答案：无核白、马奶子、百加干、红葡萄、紫葡萄、索索葡萄等。

【3】吐鲁番的葡萄为什么特别甜？

答案：吐鲁番处于特殊的地理位置，气候炎热干燥、昼夜温差大、日照时间长，有助于葡萄糖分的聚集。所以吐鲁番的葡萄特别甜。

【4】吃葡萄有什么禁忌?

答案：吃完葡萄不能立刻喝热水，否则会引起腹泻。原来，葡萄本身有通便润肠之功效，吃完葡萄立即喝水，胃还来不及消化吸收，水就将胃酸冲淡了，葡萄与水、胃酸急剧氧化、发酵、加速了肠道的蠕动，就产生了腹泻。不过，这种腹泻不是细菌引起的，泻完后会不治而愈。

远观葡萄沟

【5】吐鲁番地区最高温度是多少?地表最高温度是多少?

答案：夏季极端最高气温在49.6℃，地表温度多在70℃以上。地表温度有过82.3℃的纪录。

【6】吐鲁番的葡萄酒业有哪些?

答案：驼铃酒业、楼兰酒业等。

【7】吐鲁番的葡萄种植每年几月份埋墩?

答案：每年10月底埋墩。

【8】索索葡萄的功效?

答案：解表透疹，利尿，安胎；用于麻疹不透，小便不利；根、藤可用于祛风湿；用于风湿骨痛，水肿；外用治骨折。

【9】葡萄沟景区构成?

答案：1. 游客服务中心　2. 葡萄沟民俗村　3. 阿凡提风情园　4. 青蛙巷民俗

村 5. 达瓦孜风情园 6. 王洛宾音乐艺术馆 7. 葡萄沟游乐园

【10】吐鲁番“四最”是什么?

答案：最干、最热、最低、最甜。

【11】吐鲁番最低处在哪里?

答案：艾丁湖，海拔-154 米，是世界第二洼地。

【12】葡萄沟景区哪年被评为国家 5A 级旅游景区?

答案：2007 年 5 月 8 日，经国家旅游局正式批准为国家 5A 级旅游景区。

【13】世界上主要种植葡萄的国家有哪些?

答案：中国、西班牙、意大利、法国、美国等。

【14】简述吐鲁番气候特征?

答案：吐鲁番属于典型的大陆性暖温带荒漠气候，日照充足，热量丰富，极端干燥，降雨稀少，大风频繁。全年平均气温 13. 9℃，夏季极端高气温为 49. 6℃，地表温度多在 70℃以上，冬季极端最低气温-28. 7℃。

【15】“中国丝绸之路吐鲁番葡萄节”每年几月份举行?

答案：8 月份举行。

第六节 教学互动练习和拓展知识窗

一、互动练习

（一）游客不小心吃葡萄过多造成腹泻，作为导游该如何处理?

（二）游客在葡萄沟游览时不慎将照相机丢失，作为导游应该如何处理?

二、拓展知识

（一）我国古代三大工程是指什么?

答案：万里长城、京杭大运河、坎儿井被誉为我国古代三大工程。

（二）在我国除了吐鲁番种植葡萄外，还有哪些地方种植葡萄？

答案：山东、山西、河南、河北、辽宁。

（三）请简要解释葡萄干的晾房建筑及作用？

答案：葡萄干的晾房是一种独特的建筑，在吐鲁番地区四处可见。晾房的结构大多为土木建筑，一般都是平顶长方形结构，有的建在山坡上，有的建在自家院子的屋顶上；有的数十间联建在一起，有的独立建筑，都是用来晾制葡萄干的。每间约4—6平方米，高度约4米，墙壁用土块或砖块砌成，四面留有许多方形花孔，以便通风透光，晾房顶部是木制结构，有若干木柱支撑和加固房屋的主体。挂架是用树干和树枝做成，用铁钩或麻绳固定在屋顶，底部距离地面约50厘米，便于通风和清扫。每年7—8月份是葡萄收获季节，农民将鲜葡萄拿来后挂在上面，凭借当地干热的气候条件、经过30多天的自然风干，鲜葡萄的水分逐渐蒸发，便制成了我们看到的翠绿如新、甘甜如密的葡萄干。

航拍葡萄沟　　刘东平 摄

第四章

那拉提景区

第一节　欢迎词

【示例 1】

各位游客朋友们：

大家好！

此情此景，我想吟诗一首："骏马牧歌天山西，芳草云天绝世奇；不知西极深山处，乌孙故里那拉提。"现在我们来到了天山深处的伊犁河谷，这个温馨如梦的画卷，令无数人神往的那拉提大草原。我是导游员××，很高兴带领大家欣赏草原风光，体验哈萨克民俗风情文化，伴随我的讲解和服务，大家能抛开城市的喧嚣和烦恼，在交错的河道、平展的河谷、高耸的山峰、茂密的森林中，策马扬鞭回归大自然，在野花数不胜数的山间尽情地游玩。

俗话说得好：握紧我的手，世界各地任你走，今天就去走一走。同时我也代表我们公司祝愿大家旅途愉快，玩得开心，吃得放心，行得安心。我也将真心、诚心、热心、耐心、细心的为大家服务，也希望我的导游讲解能伴随大家度过今天这快乐的旅程！

【示例 2】

各位游客朋友们：

大家好！

有人说：人生就像河谷草原，跑到哪里都有出路；生活就像赛马场，有输也有赢，努力才不会落后；爱情就像盘龙谷道，时而温柔缠绵，时而魂牵梦绕；理想就像雪莲谷，神圣而令人向往。所以说：跑遍了那拉提，就看透了人生！那么今天就带您走进那拉提。

我是导游员××，在接下来的几天里，我将和大家吃住在一起，如果您在旅途中有什么意见和要求，尽管向我提出，在我力所能及的范围内，合理而可能的情况下，会尽量满足大家的要求。

中国有句老话说得好："有缘千里来相会，无缘对面不相识。"今天，我们由不同的地方走到同一个目的地，乘坐在同一辆车里，大家由不相识到相见、相知，正是应了上面那句老话。这真是一种很奇妙而又美好的缘分，那么就让我们将这个美好的缘分进行到底，让我们开心而行，满意而归。

第二节 景区概况

一、地理位置、气候、交通、人文等要素

地理位置：那拉提风景区位于新疆伊犁河谷，新疆新源县那拉提镇，距新源县城 70 千米。那拉提风景区总面积 1012 平方千米，平均海拔 1800 米。

气候：那拉提旅游景区属大陆性半干旱气候，夏季平均气温 20℃左右，年降水量 880 毫米。

交通：汽车线路，从独山子沿 G217 线独库公路向南翻越天山，或沿 G218 线经巴音郭楞蒙古自治州和静县向西，都可直达。火车线路：乘坐火车车次（C841、Y951、K9789）等直达伊宁。飞机航线：游客可从乌鲁木齐乘飞机直达那拉提机场。

人文：传说成吉思汗西征时，经托克逊、巴音布鲁克草原赶往伊犁河谷集结，穿行于天山南麓时山中风雪弥漫，处在饥饿和寒冷中的蒙古官兵个个疲惫不堪，不料翻过一道达坂，忽见云开日出，艳阳高照，将士们顿觉心旷神怡，不禁齐呼："纳喇特，纳喇特"，蒙古语是"最先见到太阳的地方"的意思，译为"那拉提"，这个名字由此而出。

二、景区建设发展历史简介

那拉提景区 2005 年 10 月曾被评为全国六大最美的草原之一；2007 年被评为"中国最佳旅游目的地"；2010 年被授予"国际休闲度假旅游目的地"；2011 年被授予国家 5A 级旅游景区，现已形成河谷草原、盘龙古道、空中草原三条精品旅游线路供游客游玩选择；2015 年被评为国家级生态旅游示范区；2020 年被评为国家级旅游度假区。

三、景区游览服务提示

1. 景区内禁止吸烟。

2. 景区对入园游客实行身份证查验等，游客需如实填报姓名、身份证号、联系方式等信息。

3. 景区早晚温差较大，出发前应注意收听收看景区的天气预报，以便增减衣物。

4. 尊重当地的民风民俗。

5. 景区有 3 条线路，根据时间合理安排游玩线路。

6. 如遇暴雨，空中草原道路会临时封闭。

那拉提远景

第三节 景区区域分布导览与景点考试讲解要点

一、景区区域分布导览

（一）区域分布

服务中心区、草原生活体验区、森林峡谷观光区、休闲旅游度假区、原生态环境保护区、哈萨克民俗风情区、旅游生活区

（二）游览路线

A 线（河谷旅游景区游览路线）：
游客服务中心→草原部落→塔吾萨尼→依提根塞→森林公园→游客服务中心
B 线（空中草原景区游览路线）：
游客服务中心→天界台→空中草原→游牧人家→游客服务中心

二、景点考试讲解要点

（一）河谷旅游景区

各位游客朋友们，现在我们所在的位置是游客服务中心，您看到的这张景区图全面、立体地展示了那拉提旅游景区的全貌。今天我们要游览的是河谷旅游景区，请各位随我坐上区间车，开启今天的快乐之旅。

1. 草原部落

现在来到了“草原部落”，这里有10顶造型奇特的“毡房”，原本是古装玄幻大戏《将夜2》剧组留下的临时布景，后来被居民们施了小小魔法，外观没有改变，但里面却变成了宜居的小木屋，如今已成了网红酒馆和民宿。大家可以在这里穿上古装拍照，过一下戏瘾；可以在小酒馆坐坐，听草原歌手的吟唱。

2. 塔吾萨尼

前方我们到达的是塔吾萨尼，哈萨克语的意思是“美丽的山沟”。在这里有完整的垂直带谱，海拔3600米以上是高山带，有永久积雪和冰川；海拔2800—3600米为高山草甸带，气候寒冷湿润；海拔2500—2800米为亚高山草甸带，气候湿润较寒冷，植物种类繁多；海拔1700—2500米为山地森林带，针叶林资源丰富，树种有雪岭云杉，分布在阴坡及河谷两侧；海拔1400—1800米为草原植被带，气候凉爽湿润，草本植物繁多；海拔1000—1400米为山地草原植被带，气候较干热，降水稍多。大家看远方：白雪皑皑的山峰、茂密的森林、连绵起伏的山丘、平坦的草甸，真的是“一山四景”，各有不同。我们站在不同的角度还会有不同的视觉感受，大家看东侧的山坡像什么？形似一个大大的耳朵，仿佛在聆听青草的呼吸，我们称它为“天山之耳”；西南侧的山坡形似一匹昂首奔腾的骏马，我们取名为“飞马坪”，祝福大家“马到成功，飞黄腾达”！站在这里放眼望去：山顶是白色的、山脊上的松杉是黑绿色的，山坡是碧绿色的，山腰的云朵是白色的，真是拍照留影的好地方！

3. 依提根塞

各位游客朋友，我们现在抵达的是依提根塞，这里既是通往冰河景观道、盘龙谷道的重要交通节点，也是游客朋友们品味草原风情的重要体验区。“依提根塞”的意思就是“那遥远的地方”，是不是很像一首歌名，大家猜猜看是哪一首？会是王洛宾先生的那首《在那遥远的地方》吗？恭喜您答对了，王洛宾先生这首优美的歌曲唱道：“在那遥远的地方，有位好姑娘，人们走过了她的帐房，都要回头留恋地张望……”配上秀丽的美景，真的是意犹未尽呢！在这里，可以相逢美丽的草原姑娘，可以品味和参与制作地道的草原美食，学习体验特色的手工刺绣，还能体验草原牧民原生态的生活场景。

4. 森林公园

“千呼万唤始出来”，我们终于来到了森林公园景区。公园是新源林场的主要林区，1990 年建成森林公园，2001 年 11 月被林业部批准为国家级森林公园，总面积为 10 万亩。这里已成为集游览观光、探险揽胜、健身疗养、科学考察于一体的精华景点。森林公园内树种主要以雪岭云杉为主，现在我们所看到的雪岭云杉树龄都在二三百年以上，还有新疆白桦、密叶杨、山白杨、落叶松、小叶白蜡等树种，其中雪岭云杉占到 70% 以上；其次还生长着许多次生林木，如野苹果、野山楂、野沙棘、马林等；森林公园地上生长着各种奇花异草及各种名贵中草药，如黄莲、贝母、柴胡、党参、手掌参等。这些植物景观，构成了景色美丽的天然植物园。森林公园空气新鲜，含氧量极高，因此形成了天然的氧吧。嗯，新鲜吧！

对了，您知道培育云杉需要多少时间吗？在培育时，首先采集优质的种子，经过筛选，选种和技术处理后播种，出芽后每月浇一次水，保证苗圃内无杂草，入冬前和盛夏进行药物防治，防止病虫害，3—4 年后，成活率达 97% 以上，每半月浇一次水，每两月施一次肥，按时除草，保证无杂草，肥水充足，如此循环，10—12 年后树苗长至 60 厘米以上；长至如人高的云杉苗则需 20 年的生长时间；一般一棵云杉成熟期则需 100 年的时间，因此我们要更加珍惜这些植物，不得乱砍乱伐，破坏生态。

公园内丰富的植被为野生动物的生存提供了优越的自然环境，野生动物资源丰富，常见的动物有 30 多种，如盘羊、金雕、马鹿、雪豹、雪鸡、北山羊、野猪、野鸭等都是国家重点保护的动物，这些珍贵的野生动物具有极高的科学研究和旅游观赏价值。

瞧！那里有一匹马！大家想必会问，那是传说中的汗血宝马吗？下面我给大家介绍一下汗血宝马和伊犁马的区别，汗血宝马体型纤细，皮毛耐热，四肢修长，耐力超群，在 50℃高温的荒漠环境下跋涉一天只需要喝一次水，实属稀少。但最值得我们伊犁人骄傲的则是伊犁马，它体质结实紧凑，结构匀称，外形骏美，力速兼备，能够适应海拔高、气候严寒、终年放牧的自然环境条件，抗病力强。伊犁马在参加各项全国性赛马比赛中，以其超凡的速度和耐力，屡屡获得冠军，享有很高声誉。

（二）空中草原景区

1. 天界台

天界台是河谷草原与空中草原的分水岭。在这里大家可以从侧方登楼梯向上，沿着木栈道而行，登上天界台的最高处，从那里您可以一览空中草原的全景，我们的区间车会在这里停留 10 分钟的时间，待司机师傅将车停稳后大家有序下车，10 分钟后我们还是上这辆区间车。站在此处可将空中草原一览无余，也能将河谷草原尽收眼底。同时，您看东西两侧凸起的山坡，犹如马鞍子一般，在地理学中被称为“鞍部”，而我们正像是骑在了天马背上，策马扬鞭驰骋在草原之上。

那拉提夕照

2. 空中草原

走过天界台，我们就进入了空中草原，放眼望去，湛蓝的天空、洁白的云朵、巍峨的青山、茫茫的草原、星星点点的毡房浑然一体，构成了一幅浓墨重彩的天然画卷。站在这里，您可以感悟自己的渺小，敬畏自然的伟大，勇敢地直面人生。那么它为何被称为是“空中草原”呢？这和它的海拔有关系，那拉提草原是典型的融合雪山、高原、森林、草甸、河流为一体的高寒草甸和亚高山草甸地貌，夏牧场平均海拔2200米，高度位居整个伊犁河谷草原之首，因此被当之无愧地称作是“空中草原”。空中草原距离检票口约27千米，单程需要50分钟的时间，由于一路都是盘山公路，我们会经历50多个急转弯，所以请大家坐稳扶好，坐在过道两边的游客请将侧面的扶手放下，带小孩的游客请照看好您的小孩，以免发生意外，有了安全保障大家才能尽情观赏美丽的风景。

3. 游牧人家

好了，各位游客朋友们，我们即将要达到的是游牧人家。这里是空中草原线路的综合服务区，您在这里可以享用美味飘香的奶茶，也可以体验骑马、民族服装留念、草原骆驼合影等娱乐项目。矗立在广场中央的雕塑叫恰秀。“恰秀”是一种礼仪：每逢盛大的聚会和庆典活动，哈萨克族中老年妇女采取特有的传统方式向来宾和所有聚会的人们表示祝福。这些中老年妇女通常都是德高望重，子孙满堂，家庭幸福的。她们身穿节日的礼服，将糖果、花生、瓜子等食品装满在大盘子里，大把大把的洒向来宾。这样的习俗叫作“恰秀”。借助这个雕塑也向各位游客表示祝福：祝您平安幸福！身体健康！万事如意！在雕塑右侧有最佳拍摄点，方便您进行游览欣赏和摄影写生。

您也可以选择骑上我们的伊犁马，在海拔 2200 米以上的空中草原感受一下策马扬鞭的豪情，首先要注意安全，上马前请装好您的随身物品，以免在骑马的颠簸过程中损坏或丢失。如果您的骑术不高，也可以请专业的骑手现场教学。您也可以前往游牧人家毡房，到毡房体验一下哈萨克族牧民的生活，品尝民俗特色浓郁的包尔萨克、馕、奶茶、奶酪、酥油等食品，也可以喝上一碗热腾腾的羊肉汤，再来几块肥而不腻的羊肉，感受自然纯朴的生活，那是多么惬意啊！

那拉提草原一角 周卫 摄

第四节 欢送词

【示例 1】

亲爱的朋友们：

我们的行程到这儿就结束了，在这段快乐的时光里，咱们游览了美丽的那拉提景区，和大家相处的日子，我觉得万分开心，我的讲解给各位带来过开心和欢乐，让大家能够记住风景迷人的那拉提和我。大家的热情给我留下了深刻的印象，同时也期待我的服务能够给大家留下完美的回忆。张学友有首歌《祝福》唱道："若有缘，有缘就能期待明天，你和我重逢在灿烂的季节！"

在这儿我想把祝福送给大家，祝愿下次能与您或您的家人、朋友们能够再次重逢在这阳光灿烂的季节，让他们也能来感受那拉提的好山、好风光！谢谢大家，再见！

【示例 2】

亲爱的朋友们：

我们的车就要到达机场了，这也就意味着我们这几天欢乐的那拉提之旅就要圆满结束了。说实话我很舍不得和大家说再见，俗话说"天下没有不散的宴席"，大家就要踏上回家的道路了，可我还是依依不舍！短短几天的相处，您给我留下了深刻的印象，您是我见到最好的游客，也是最好的朋友。

最后，我在这里祝愿大家健康吉祥、平安如意！祝小朋友们快乐成长、增长见识；青年朋友们感情甜蜜、工作顺利；中年朋友们家庭幸福、事业腾达；老年朋友健康长寿、幸福无忧！后会有期！

第五节　景区知识考试问答

【1】那拉提是什么意思？

答案："那拉提"是蒙古语，译为"最先见到太阳的地方"。

【2】最能概括那拉提景区地理环境的一句话是什么？

答案："三面青山列翠屏，腰围玉带河纵横。"

【3】那拉提的宣传口号是什么？

答案：天山绿岛那拉提。

【4】那拉提景区区间车共有几条线路？

答案：3 条线路。

【5】世界四大草原是？

答案：呼伦贝尔草原、那拉提草原、潘帕斯草原、巴音布鲁克草原。

【6】在依提根塞景点，你会看见哪些特色？

答案：手工皮具、刺绣、馕、奶制品等。

【7】那拉提夏季营业时间？

答案：08∶00—20∶00。

【8】那拉提景区购票方式有哪些？

答案：1. 在游客中心窗口人工售票；2. 在游客中心自助售票机客户端购票；3. 已实行网上实名预订门票，游客可通过美团等 OTA 平台、景区微商城、那拉提景区官网、那拉提景区在途服务平台、西域游、携程、去哪儿、驴妈妈等线上平台购票预订。

【9】从伊宁方向来那拉提，先抵达哪个门？

答案：先抵达北门。

【10】由独库公路或巴音布鲁克方向来那拉提，先抵达哪个门？

答案：先抵达东门。

【11】进入那拉提景区可以自驾车吗？

答案：可以，自驾车：300 元/人，6 岁以下儿童享受免自驾车票，根据景区道路承载力与交通安全考虑，自驾定制游产品每天限量 300 辆车，售完为止，自驾车辆不得超载，自驾车仅 7 座（含 7 座）以下四驱车辆。

【12】那拉提草原重点打造哪些风景名胜？

答案：重点打造“一山四景、夏牧流云、巩河听涛、湖杨秋韵”等风景名胜。

【13】历史中的“冯夫人”是谁？

答案：冯嫽。

【14】哈萨克族常见的弹奏乐器是什么？

答案：冬不拉。

【15】哈萨克族最喜欢喝的是什么？

答案：奶茶。

第六节 教学互动练习和拓展知识窗

一、互动练习

（一）如果在景区突然天降暴雨，你该如何处理？

（二）如果到了空中草原，有游客发生高原反应该如何处理？

二、拓展知识

（一）解释一下“转场”？

哈萨克族逐水草而居的迁徙活动。

（二）草原石人

草原石人是以石材为主雕刻的栩栩如生的人像，是新疆草原上的历史人文景观，它与墓地有关。在水草丰美的伊犁草原上，发现了多处石雕人像，千百年来，它们屹立在广阔无垠的草原上，被人们称为“草原石人”。

草原女骑警　　周卫 摄

第五章

可可托海景区

第一节　欢迎词

【示例 1】

各位队友：

大家早上好！

非常高兴在周末的早上见到大家！我是今天的领队飞雪，我叫陈××，大家可以叫我飞雪或者陈队。首先，欢迎大家参加我们的可可托海之旅活动！这次将由我和王师傅为大家服务。如果各位在旅途中有什么问题和要求，尽管提出来，我们将竭尽全力为大家提供帮助。刚才我看了一下，今天车上既有熟悉的面孔，也有陌生的新队友。说明我们的队伍在不断壮大。我代表××旅游俱乐部向所有新老队员表示感谢，感谢大家的认可和支持！

新疆的地形特点是三山夹两盆。南面的昆仑山自古以来就以和田玉名扬天下，中部的天山以天山雪莲最为著名，而北面的阿尔泰山则以黄金和宝石闻名于世。阿尔泰山山区最有名的风水宝地就是可可托海。它以丰富的矿产宝藏著称，自然风光更是与众不同。可可托海像一颗璀粲的明珠，镶嵌在阿尔泰的大山深处，为神秘的阿尔泰山增添了绚丽的色彩。

此次可可托海之行，我将带领大家从神钟山徒步进入钟山大峡谷去寻宝。途中我们将经过小钟山、象鼻峰、骆驼峰、神鹰峰等景点，终点是季兰德温泉和卡拉卓勒瀑布。我们将在季兰德温泉附近住一晚。可可托海的景色虽然很美，但需要我们用脚步去丈量，用心去体会。既然我们是一个团队，就必须集体行动。进入景区后，请大家紧紧跟着我，不要单独活动！徒步过程中，我会掌握好节奏，带领大家慢慢走，一边走，一边欣赏风景。请体力好的队友，不要走太快，照顾一下体力弱的队友。中午扎营时，请大家把自带的美食拿出来，和身边的队员一起分享！分享美食也是旅行最大的乐趣！

最后，预祝大家可可托海之行一切顺利！

【示例 2】

各位团友：

大家好！

很高兴能陪同大家一起参加可可托海之旅！

首先，请允许我做一下自我介绍！我是导游张××，来自×××旅行社。大家可以叫我小张或者张导。我谨代表××旅行社和我本人对车上的所有朋友表示最热烈的欢迎！旁边这位是我们的司机王师傅。大家在旅行中如果需要停车拍照或者下车取东西，请随时跟王师傅说，他将很乐意为大家服务。

中国有句老话说得好："有缘千里来相会，无缘对面不相识。"今天大家从不同的地方来到同一个目的地——可可托海，坐在同一辆车里，大家从陌生到相识、相知，正是应了上面那句老话。请大家珍惜这种缘分，珍惜大家在一起度过的每一天！

阿尔泰山以盛产黄金著称。而阿尔泰山深处的可可托海则以丰富的稀有金属储藏量闻名于世。可可托海曾经在历史上风光无限，但当岁月流逝，人潮褪去，喧嚣的可可托海只剩下沉寂。如今，一首《可可托海的牧羊人》再一次将世人的目光聚焦在这里，蓝天白云，牛羊成群，山花烂漫，彩蝶纷飞，悬泉飞泻，河流婉转，奇峰耸立，层林叠翠，一切美得那么自然！

接下来，我将带领大家走进美丽的可可托海，去探索这个满山都是宝石的地方！

第二节　景区概况

一、地理位置、气候、水文、交通、人文等要素

地理位置：可可托海位于新疆东北部阿勒泰地区富蕴县境内，北面以阿尔泰山为界与蒙古国接壤，东面与青河县相接，西面与福海县相连，南面与昌吉回族自治州相邻。G216 线纵贯富蕴县全境，是北疆之旅的重要节点。

气候：可可托海属温带大陆性气候，最冷的一月份平均气温-37℃，最热的七月份平均气温 25℃，极端最低气温-51.5℃。

水文：额尔齐斯河的支流——喀依尔特河自北向南穿越额尔齐斯大峡谷，从可可托海小镇穿流而过。额尔齐斯河和乌伦古河贯穿富蕴县全境。

交通：从乌鲁木齐市到富蕴县城有北大高速与 G216 线相连。乌鲁木齐市每天有固定航班 CZ6695 次飞往富蕴县。鲁木齐有火车 K9735 次直达富蕴县城。从富蕴

县城到可可托海有 S26 线可以直达。

人文：20 世纪中叶，一批批建设者怀着满腔报国热情从四面八方奔向可可托海，在这里修建矿厂，开挖矿区，建造水电厂，用以偿还巨额外债，及全力发展祖国的“两弹一星”事业，这里一度成了全国稀有金属工业的核心。在当时国家内外交困的特殊历史背景下，可可托海人凭借坚定的信念和无私奉献的精神，战严寒、斗酷暑，艰苦奋斗、团结拼搏，用自己的青春热血甚至生命，出色地完成了党和国家赋予的重托！使可可托海成为名副其实的“英雄矿”“功勋矿”！如今，可可托海已成为新疆干部红色教育基地、两弹一星爱国主义教育基地、国防教育示范基地及全国民族团结进步教育基地。

二、景区建设发展历史介绍

2005 年可可托海风景区被国土资源部正式批准为国家地质公园；2008 年 7 月 15 日，可可托海国家地质公园正式开园；2009 年可可托海景区被国家旅游局评定为 4A 级景区；2010 年，富蕴县对可可托海景区的住宿、餐厅、道路、景区标识标牌、景区验票系统和环保生态卫生间、地质博物馆、温泉理疗中心等基础设施进行了升级和完善；2012 年 5 月 19 日，可可托海景区晋升为国家 5A 级旅游景区。

可可托海一角

三、景区游览服务提示：

朋友们，为了更好地为大家提供服务，帮助大家愉快的游览可可托海，特做以下温馨提示：

1. 可可苏里湖芦苇荡密布，湖区严禁吸烟，沿湖边木栈道游览时，请注意脚下湿滑，以免滑倒跌落水中，发生危险。

2. 额尔齐斯大峡谷景区内道路狭窄，乘坐景交车游览时，切勿将头、手伸出窗外，以免错车时受伤或被树枝挂伤。

3. 可可托海景区地处阿尔泰山区，早晚温差大，太阳辐射强，游览时请及时增减衣物，并做好保暖及防风防晒措施。

4. 在景区游览时请严格遵守景区规定，请勿采摘花草，请勿带走景区内的一草一木或任何一颗石子，请保护生态环境。

第三节 景区区域分布导览与景点考试讲解要点

一、景区区域分布导览

（一）区域分布

卡拉先格尔地震断裂带、可可苏里、伊雷木湖、额尔齐斯大峡谷。

（二）游览路线

可可苏里湖→伊雷木湖→地质博物馆→白桦林→神钟山→钟山峡谷→季兰德温泉→卡拉卓勒瀑布→石门→夫妻树

二、景点考试讲解要点

（一）可可苏里湖

离开富蕴县城，沿着S226线富可公路东行29千米，便到了可可托海景区的第一个景点——可可苏里湖。可可苏里湖，因湖中有成千上万只鸟在这里嬉戏，尤其以野鸭最多而得名。可可苏里的野鸭与别处的野鸭不大相同。这里的野鸭对感情非常专一。平日它们在水中自在地游来游去都是成双成对、双宿双栖。一旦有一只死去，另一只便终生不再“嫁娶”，终日形只影单在湖的上空徘徊低飞，黯然神伤。来年迁徙回来后，它们依旧会找到那个地方继续哀悼失去的伴侣。它们对爱情的忠贞令人感叹不已。这种习性与“止则相耦，飞则成双”的鸳鸯很相似。

可可苏里湖是富蕴大地震时形成的地震断陷湖，依靠周边高山上的积雪融化汇集而成，湖面海拔1110米，水域面积约1.9平方千米，平均水深约2米。湖面生长着大片的芦苇，这些芦苇的根部错综交叉连接在一起漂浮在水面上，形成大大小小

20 多个芦苇岛，随风漂移，湖面景色随芦苇的变动而变化，风一场景一场，犹如白洋淀的芦苇荡迷宫，非常好看。

每年夏秋季节，成千上万只野鸭、红雁、白天鹅等鸟类云集于此，繁衍生息。湖面上的野鸭密密麻麻，相互追逐嬉戏。湖边万亩开阔平坦的草原上，牛羊悠闲地吃着草。极目远眺，山峦缥缈，村庄树影依稀可见，这一切如同一幅淡淡的水墨画，恬静安逸，美得让人痴迷留连，一派“沙鸥翔集，鱼翔浅底”“风吹草低见牛羊”的草原泽国美景。野鸭湖是垂钓和摄影的好地方，每到秋季，众多的摄影爱好者都会不约而同地来这里采风，漂移的芦苇岛和游动的野鸭使得摄影迷们每年都有意想不到的收获。

（二）伊雷木湖

离开可可苏里湖不久，伊雷木湖便出现在富可公路的左侧不远处。伊雷木湖位于可可托海镇以西 4 千米处，湖面海拔 1120 米，水域面积约 27. 5 平方千米，湖水最深处约 30 米。伊雷木，哈萨克语是“漩涡”的意思。她是额尔齐斯河和喀伊尔特河交汇处，因地震塌陷形成水塘，后经拦河筑坝而形成的水库型湖泊，被当地人称为“海子口水库”。

伊雷木湖的东西两侧，雄峰屹立，南北两侧，绿树环绕，良田万顷。湖的中央被东西两座大山削去大半，近看似长江三峡，登高俯视，整个湖面宛如一颗巨大无比的海蓝宝石。极目远眺，湖边肥沃的良田，田间劳作的农夫、嬉戏的儿童，湖水、绿树、田野、村舍、清山和湖岛，构成一幅绝美的山水画。

（三）地质博物馆（游客服务中心）

现在我们已经来到可可托海景区大门口。地质博物馆暨游客服务中心就位于景区大门口，占地面积 2 万平方米，建筑面积 8000 平方米。博物馆是一座外观造型独特的建筑，远观像大地褶皱，屋顶种有草，与周围环境融为一体，突出了我国传统文化中“天人合一”的哲学思想。博物馆内分四大部分：展览展示区、公共服务区、办公区和设备区。其中，展览展示区是博物馆的核心。

展览展示区通过展板、动画以及标本的形式展示了可可托海和谐的生态环境，丰富的生物物种以及地球演化的过程。可可托海地质公园地处阿尔泰山脉中段，得天独厚的自然地理条件，丰沛的降水以及高山冰雪融水，滋养了大片高山草场和原始森林。生态系统独特，生物种类繁多，是重要的生物物种基因库。墙面的展板上都是生活在这里的野生动植物。

这个厅展示的是地球的历史。从里到外分别是太古代、元古代、古生代、中生代和新生代。中生代也称为恐龙时代，我们熟悉的侏罗纪就属于中生代。6500 万年前左右，地球跨入了新生代，新生代之后，哺乳动物和被子植物、鸟类等高等生物逐渐繁盛起来，到了大约200万年的时候，才出现了早期的人类，如果把地球的历史比作一天，人类从出现到现在，只不过才短短1分17秒。

现在大家看到的是景区的电子沙盘。可可托海是哈萨克语，意为“绿色丛林”，蒙古语意为“蓝色的河湾”。可可托海景区分为四部分：卡拉先格尔地震断裂带、可可苏里、伊雷木湖、额尔齐斯大峡谷。可可苏里和伊雷木两个湖泊在富可公路沿线，大家来的时候都看到了，卡拉先格尔地震断裂带是1931年大地震留下的遗迹。目前景区重点开发的是额尔齐斯大峡谷。

可可托海是一片神奇的土地，这里有三个令人惊叹的地方，第一个是稀有金属资源非常丰富，第二个是独特的花岗岩地貌，第三是大地震遗迹。

富蕴县地处中哈蒙有色金属成矿带的中段，地质成矿条件非常优越，矿产资源也很丰富，最著名的要数可可托海的稀有金属矿，以三号矿为代表。

这几组展柜里面展出的是绿柱石、碧玺和萤石等。绿柱石是铍矿石，铍是一种稀有金属元素，在航空航天以及核电子工业中发挥着不可替代的作用。在日常生活中，铍用于其他金属合金，比如普通的铜丝折几次就会折断，但是加入铍之后，折几十万次也不会断。清朝一二品官员的顶戴和朝珠就是碧玺做的，慈禧太后生前很喜欢碧玺，在她的陪葬品里发现大量碧玺饰品。夜明珠是萤石的一种。萤石的用途很广，冰箱里制冷的氟利昂以及不粘锅材料就是用萤石提炼的。

1931年8月11日富蕴县卡拉先格尔地区发生了8级大地震，这次地震造成了176千米的地震断裂带，在震中形成了长1500米、宽350米的地震塌陷区。这次地震具有规模大、地震遗迹丰富、保存完好的特点，因此卡拉先格尔地震断裂带被称为世界地震博物馆。

（四）白桦林

前方即将到达的是白桦林游览区。白桦林游览区被额尔齐斯河冲刷成了三个大小不一的白桦洲，总面积4.5平方千米。白桦树的树皮呈白色，生命力十分顽强，在经历了漫长严冬之后，春季首先发芽的往往是白桦树。它的树皮呈纸状，可分层剥离。

这里的白桦林是北疆地区最大的白桦林之一。以白桦树为主，以西伯利亚云杉、西伯利亚冷杉和新疆落叶松为辅。由于生长在额尔齐斯河畔，这里水源充足，土壤肥沃，生长条件好，这片白桦林不但树干修直，洁白雅致，主要特色在于枝叶繁茂，树冠膨大，姿态优美。

在当地，白桦树是爱情的象征，小伙子会用白桦树皮给心爱的姑娘写情书来表达爱意；姑娘则用红丝巾遮住白桦树树干上的黑色结疤，寓意是遮住情人的“眼睛”，让他不再看其他姑娘，只爱自己一生一世。如果您想收获爱情，可以在白桦林中寻找属于您的“黑色眼睛”。

（五）神钟山

现在我们已到达钟山停车场。正前方看到的那个形似钟状的山峰就是神钟山了。神钟山又叫阿米尔萨拉峰，是额尔齐斯大峡谷景区的主景点。神钟山海拔 1359 米，相对高度差为 365 米，寓意为一年 365 天，“钟”声平安。神钟山的山体由东向西呈阶梯状上升，北侧崖壁陡峭，南侧则稍缓。神钟山侧看如平地拔起，孤峰傲立，直插云霄，是一座外形如钟的花岗岩山峰，是阿尔泰山的山景之最。地质学家认为，神钟山是燕山造山运动时期的巨斑状黑云母花岗岩体，因其发育平行山坡面的同心层状节理，受寒冻风化作用，沿平行坡面的节理不断地拆离、崩解、垮塌，使山峰的表面既圆润平滑，又十分陡峭，从而形成钟状的花岗岩地貌。

喀依尔特河　　周卫 摄

（六）钟山峡谷

神钟山至季兰德温泉之间单程约 7000 米，是额尔齐斯大峡谷的精华部分，也是阿尔泰山脉象形山峰最集中的部分。峡谷两岸排列着将军峰、小钟山、倒靴峰、象鼻峰、骆驼峰、神鹰峰、人头马面等宏伟的象形山峰，可谓一步一景，值得一游。

将军峰：在神钟山的后面有一座类似锥状的高山，山体陡峭，山峰高耸突出，就像一个大锥子屹立在万山丛中。它那尖尖的山顶像极了一位武士的头盔，下面弯弯的岩石裂缝恰似闭上的双眼，嘴上还长满了长长的胡须，犹如一位将军在为战场上瞬息万变的态势思考良策，故名为“将军峰”。

小钟山：酷似一口钟立在河岸边，高度、造型比起神钟山小了很多，所以被称为小钟山。

倒靴峰：远观就像一只倒置的靴子，据说是成吉思汗远征时，行军途中遗留下来的一只战靴。

象鼻峰：整个山体形似一大象头部，由混合花岗岩组成，因具有层状结构，受寒冻风化剥蚀作用，在峰顶节理面形成了两片岩石，远观如大象的耳，在峰下形成了一条光滑的岩体，似大象的鼻，活灵活现。

骆驼峰：这是混合花岗岩后期经风化作用，形成一个形如骆驼驼峰的象形山石，形态逼真。

神鹰峰：典型的锥状花岗岩地貌，山顶经风化剥蚀形成突兀状岩石，就像是老鹰锋利的尖嘴，鹰头向北，神态威严，加上整座山的造型，远观这座山就像一只巨大的老鹰，屹立于群山之中用它锐利的眼神注视着周围的万物，像守护神一样守卫着这片山水。

人头马面：俗称“鬼门关”，是由两块象形山石组成。一块由西向东望犹如一马头，头向南，最神奇的是岩石风化形成的两个小凹腔组成了马嘴和马眼，形态非常逼真；紧靠着的一巨石被风化成一黑面人头像。两者共同构成一副人头马面石景像组合体。

过了“鬼门关”，就来到了季兰德温泉。

（七）季兰德温泉

季兰德是蒙古语，意为蛇。这里海拔 1408 米，温泉从花岗岩裂隙中自然流出，水温 38℃—41℃，水质清澈柔滑，水中含有碳酸盐、硫磺、碘、磷等多种化学元素，有促进新陈代谢、镇静、镇痛、消炎等功能。对风湿性关节炎、胃病、神经痛、皮肤病等疾患有显著的疗效。每年夏季，当地很多久病不愈的人们不顾山路崎岖，赶到季兰德温泉来排队沐浴。

（八）卡拉卓勒瀑布

季兰德温泉北行约 100 米处，有一飞瀑从巨石上直泻而下，与奔腾的喀依尔特河构成一幅立体图画，这就是卡拉卓勒瀑布。卡拉卓勒瀑布海拔 1459 米，属常年性流水瀑布，因滚落的花岗岩巨石堵塞了卡拉卓勒沟谷，溪水翻越巨石顺流而下形成瀑布。瀑布分为上下两级，上级高 8 米，下级高 12 米。游览完卡拉卓勒瀑布后，我们将乘电瓶车返回钟山停车场。在那里换乘区间车前往景区大门口。

可可托海地质矿产博物馆　　周卫 摄

(九) 石门

沿着景区公路南行，几分钟就能看到高大的石门了。石门海拔 1338 米。高约 5—6 米，底部宽约 4.5 米。在重力作用下，两块巨大的花岗岩滚石相对而立，东侧巨石半埋于地下，西侧巨石则屹立于河边，巨石的顶部向上突起形成了门梁的形状，景区公路从中穿过，犹如一座天然石门，因而得名。

(十) 夫妻树

在景区公路东侧的草场上，很快就可以看到有六棵树，中间的一棵白桦树和一棵松树就是景区最神奇的一对夫妻树。每逢秋天，白桦树变成金黄色，而松树依然保持碧绿色。两棵树相依相偎，随风摇曳，但色彩形成鲜明的对比。最前方是一棵小的白桦树，就像是一个情窦初开的十七岁少女。长大后它与心爱的伴侣结为夫妻，最后是幸福的三口之家。这自然生长的六棵树向人们展示了大自然中蕴含的丰富哲学。

第四节 欢送词

【示例 1】

亲爱的团友们：

愉快的可可托海之旅即将圆满结束。作为导游，我非常舍不得和大家说再见，但天下没有不散的宴席，此时此刻，就让我们一起唱起田震的那首《干杯，朋友》。

短短几天的相处，大家给我留下了深刻的印象，这几天虽然天公不作美，给我们带来一丝遗憾。但是丝毫没有影响大家游玩的兴致！看到大家玩得这么开心，我也感到很欣慰！

当然，这几天我也有做得不到位，或照顾不周的地方，也恳请大家多多海涵！茫茫人海，我能在可可托海认识大家，这就是缘分。我不信佛，但我相信缘分。感谢老天赐给我如此宝贵的缘分，让我有缘与大家相识，并和大家成为朋友！谢谢大家！同时我也很感谢大家对我的理解和支持！

这次我陪大家玩的时间不算长，但我们在一起的每一分每一秒都是值得回忆的经历。新疆还有很多很美的风景等待大家欣赏，新疆还有很多迷人的地方等待大家用脚步去丈量，用心去体会。期待大家有机会再来可可托海！再来新疆！我在乌鲁木齐等大家！

【示例 2】

朋友们：

虽然我心里有很多的不舍，但我还是不得不向大家说再见了。感谢大家这几天对我工作的支持和配合！在可可托海这几天的旅行中，如果我有做得不到位的地方，还请大家多多包涵。这几天大家给予我的理解与支持，让我非常感动。谢谢大家！

10 多年的导游生涯，我接待过无数旅行团，但你们这个团队是我遇到的最棒的团队，也是素质最高的团队。能和素质最高的团友们一起度过这几天，也是我本人的荣幸！这几天我们朝夕相处，天天吃住在一起，说实话，真的非常舍不得离开大家。

离别，总是伤感的话题。但我相信，我们很快还会见面的！今天我是大家的导游，明天大家就是我的朋友了。你们的热情和爱心，让我感动！从你们身上，我也学到了很多东西。比如你们的善解人意，还有你们的包容。

好了，朋友们！让我们拥抱着说再见吧！欢迎大家有机会再来新疆，再来可可托海！我在可可托海等大家！祝福大家健康快乐！财富和幸运永远与您相伴！

第五节　景区知识考试问答

【1】可可托海是什么意思？

答案："可可托海"哈萨克语意为"绿色丛林"，蒙古语意为"蓝色的河湾"。

【2】可可托海景区由哪几部分组成？

答案：由卡拉先格尔地震断裂带、可可苏里湖、伊雷木湖、额尔齐斯大峡谷四部分组成。

【3】伊雷木湖历史上冬季极端最低气温是多少摄氏度？

答案：-51.5℃。

【4】三号矿脉被誉为什么博物馆？

答案：稀有金属矿物的天然博物馆。

【5】冰箱里制冷的氟利昂以及不粘锅材料是用什么提炼的？

答案：萤石。

【6】三号矿脉中有多少种稀有金属？

答案：26种。

【7】季兰德温泉的季兰德是什么意思？

答案：蒙古语"蛇"的意思。

【8】可可托海景区属于什么地貌？

答案：花岗岩地貌。

【9】三号矿的稀有金属中什么的储量居全国首位？

答案：铍的储量居全国首位。

【10】额尔齐斯是什么意思？

答案：蒙古语意思是"湍急的河流"。

【11】额尔齐斯河出境后注入哪里了？

答案：注入哈萨克斯坦的斋桑湖。

【12】额尔齐斯河中有多少种珍稀野生冷水鱼？

答案：35 种。

【13】额尔齐斯河流经途中有多少条大小河流汇入？

答案：56 条。

【14】可可托海景区内的主要树种有哪几种？

答案：主要树种有三种：西伯利亚云杉、西伯利亚冷杉、新疆落叶松。

【15】三号矿出产的什么矿石为我国成功发射“两弹一星”作出了不可磨灭的贡献？

答案：铍矿石和锂辉石。

第六节　教学互动练习和拓展知识窗

一、互动练习

（一）一位游客在背包里私自装了一块石头欲偷偷带出景区被管理人员发现，作为导游该如何处理？

（二）团队中有游客提出想去看看卡拉卓勒瀑布，其他游客也有人想去。可是团队原行程中没有卡拉卓勒瀑布这个景点，由于当天要赶往布尔津看五彩滩的落日，如果增加卡拉卓勒瀑布这个景点，有可能来不及看五彩滩的落日了。作为导游，该如何处理游客的要求？

二、拓展知识

（一）为什么说可可托海是一片神奇的土地？

答案：可可托海的神奇之处主要体现在三个方面：第一是稀有金属资源非常丰富，这里不但稀有金属矿种多，而且储量大，科研价值高。第二是独特的花岗岩地貌，这里的一块巨石往往可以单独构成一座山峰。景区内的主景点神钟山是典型代表。第三是大地震遗迹。1931 年 8 月 11 日富蕴县卡拉先格尔地区发生了 8 级大地震。这次地震具有规模大、地震遗迹丰富、保存完好的特点，因此被称为世界地震博物馆。

（二）请列举可可托海三号矿坑有哪些稀有金属？

答案：可可托海的三号矿是目前世界上已知最大的和最典型的含稀有金属矿脉之一。三号矿坑内主要有锂、铍、钽、铌、铷、铯、钴、铭、铀等 26 种稀有及放射性元素，其中铍资源量位居全国首位，铯、锂、钽资源量分别居全国第五、第六、第九位。此岩脉储量之丰，规模之大，矿种之多，品位之高，成带之分明为国内所独有，国外也属罕见，素以“地质矿产博物馆”而享誉海内外。

（三）额尔齐斯河生长着哪些野生冷水鱼？冷水鱼与普通的淡水鱼有什么不同？

答案：额尔齐斯河的主要水源是深山冰雪融水，水温极低，即使在炎热的夏季，河水温度也在 10℃以下。河水中生长着 35 种珍稀野生冷水鱼，比如河鲈、梭鲈、白斑狗鱼等。

冷水鱼的生长速度相对缓慢，因此肉质紧实细嫩、脂肪含量高、香味突出。其生长环境干净卫生，无污染，赋予了冷水鱼甜、香、鲜的味道。冷水鱼是一种高蛋白、高不饱和脂肪酸、低胆固醇的优质食用鱼类。其营养成分种类和含量均高于一般的淡水鱼类，具有一定的保健功能。长期食用冷水鱼，可以降低血压和血脂、软化血管，预防心血管疾病。

航拍可可托海

第六章

博斯腾湖景区

第一节 欢迎词

【示例1】

各位游客朋友们：

大家好！

很高兴能够陪同大家游览博斯腾湖。首先请允许我代表××旅游公司对大家的到来表示热烈的欢迎！有首歌唱得好："相逢是首歌，同行你和我"。今天我们在这个美好的季节，美好的城市，美好的时刻，幸运的我们相约美好之旅！我是导游×××，在接下来的旅程中我将和司机王师傅尽心尽力为大家做好服务工作，也期待大家对我们的工作给予积极的配合与支持。预祝大家旅程顺利、快乐！

新疆阔美如诗，多彩如画，那雄伟奇骏的天山，像腾舞的巨龙，博斯腾湖，就是那沙漠瀚海中的水乡。它滋养了从这里穿过的千年丝路古道，哺育了在这里开拓兴边的各族儿女，展示和描绘了这片热土腾飞的未来蓝图。

翻开厚重的历史，自西汉博望侯张骞出使西域，博斯腾湖就在《汉书》中有了她独特的身姿；《西游记》传说中的流沙河，在这里有了对应的解说；清朝时，东归英雄的民族大迁徙，淘洗出了一支鸿雁归乡的绝唱；博斯腾湖这生命的圣水，培养了蒙古人的豪放真诚，热情善良性格，也孕育了这片土地的厚重丰富，灵秀多姿。

今天，就请您跟随我一起走进博斯腾湖，去领略大漠西海风情。

【示例2】

各位游客朋友们：

大家好！很高兴在这样一个阳光明媚的日子里与您相约来到巴音郭楞蒙古自治州。我是此行的导游，希望大家能够配合我的工作，文明旅游。相信我的服务一定能够让您乘兴而来，满意而归。

“巴音郭楞”蒙古语音译为“富饶的流域”，是全国陆地面积最大的地级行政区，号称华夏第一州。巴音郭楞蒙古自治州幅员辽阔，山河壮美，是“大美新疆”的重要组成部分。独特的自然地理条件，造就了雄奇壮美的雄关古道，大漠戈壁、森林草原、冰川雪峰、河流湖泊等多种景观交相辉映，独具特色的楼兰文化、东归文化、马兰文化、军垦文化、石油文化、香梨文化在这里相融共生。这里曾是西汉西域都护府的所在地，这里曾飘拂过张骞的旌旗，驰骋过班超的战马，留下过玄奘的足迹。

今天我们将要前往游览的博斯腾湖就是巴州土地上一颗亮丽的明珠。这里美丽而富饶，这里有最蓝的天、最清的水、最好的空气、最美的芦苇湿地、原生态民俗文化，绿色有机农产品……这里集大漠与水乡景色于一体，与雪山、湖光、绿州、沙漠同生共荣，这里既有江南水乡之婉约秀美，又有大漠戈壁之辽阔雄奇。朋友们，就让我们一起走进博斯腾湖，去感受她独特迷人的魅力吧。

第二节　景区概况

一、地理位置、气候、水文、交通、人文等要素

地理位置：博斯腾湖地处亚欧大陆桥腹地，天山南麓，焉耆盆地东南部的博湖县境内。

气候：湖区光照充足，热量丰沛，雨量稀少，春季气候多变，夏季干旱炎热，秋季降温迅速，冬季严寒，属典型的大陆性荒漠气候，也是南北疆气候的过渡带。

水文：博斯腾湖属于山间陷落湖，主要补给水源是开都河，同时又是孔雀河的源头，东西长 55 千米，南北宽 25 千米，水域面积为 1646 平方千米，湖面海拔 1048 米，蓄水量 99 亿立方米，现被誉为“瀚海明珠”，是中国最大的内陆淡水湖。

《隋书》记载，此湖有“鱼、盐、蒲、苇之利”。博斯腾湖拥有丰富的渔业、芦苇、食盐、蒲草、野蘑菇（苇菇、红柳菇）等自然资源，拥有全国最大的有机鱼生产水面，野生睡莲基地，也是中国四大芦苇产区之一。

盛夏的博斯腾湖，炽热中透着清凉，是酷暑时的天堂，飞鸟低吟伴着湖水涛涛，芦苇婆娑和着长调悠扬，让人百转千回，令人柔肠连绵；秋日的博斯腾湖，被晚霞与芦苇染成一汪金黄，马头琴琴声婉转悠扬，牧歌在袅袅炊烟中豪放；湖舟荡漾，渔歌唱晚，空灵、舒展的博斯腾湖如同忘情之水，让人沉静安详；冬日的博斯腾湖，千里冰封，她把生命的色彩暂时凝固封存，静静地等待又一个春日暖阳。

“远方的朋友，尊贵的客人，献上尊贵的哈达，献上这片草原的盛情，来看看

美丽的博斯腾湖。”让我用歌声向您发出盛情的邀请，四季博斯腾湖等待您来用心欣赏，尽情徜徉。

交通：博斯腾湖距库尔勒机场30千米，G3012线6千米。

人文：博斯腾湖最早在中国古代的书籍《山海经》中与天山、流沙河、孔雀河、罗布泊一起被完整记载。古时的“秦海”“鱼海”“焉耆海”都指此湖，直到清代中期定名为博斯腾湖。博斯腾湖，蒙古语称博斯腾淖尔（意为“屹立”），维吾尔语称巴格拉什库勒（意为“绿洲”）。

二、景区建设发展历史简介

2002年，博斯腾湖湖区被评为国家重点风景名胜区，属天然湖泊水域风光型自然风景区，涉及博湖、焉耆、和硕、库尔勒三县一市；2013年6月博湖县获美丽中国生态旅游十佳示范县荣誉称号；2014年5月，博斯腾湖景区被评为国家5A级旅游景区，成为新疆第八家国家5A级旅游景区；2021年10月，博斯腾湖被收录于第一批新疆维吾尔自治区重要湿地名录。

三、景区游览服务提示

亲爱的游客朋友，为了让您开心观赏博斯腾湖美景、放心的享受服务、舒心的结束旅程，我们温馨提示：

1. 提高防范意识，充分保障安全。不在没有安全保障的水域游泳；乘船、坐车有序排队，注意安全；提前准备个人必备的常用药品。

2. 注意个人防护，平安出行。博斯腾湖早晚温差大，紫外线强，户外活动时，加强个人防护，做好防风防晒，防蚊虫叮咬。

3. 增强文明意识，健康绿色出游。遵守博斯腾湖景区相关规定；爱惜生态环境、遵守公共秩序、爱惜公共设施，树立文明、健康、绿色旅游新风尚。

第三节 景区区域分布导览与景点考试讲解要点

一、景区区域分布导览

（一）区域分布

博斯腾湖景区的布局及结构为：大河口（西海渔村）景区、莲海世界景区（阿洪口）、白鹭洲景区、海心山景区。

（二）游览路线

A 线［大河口（西海渔村）景区游览路线］：

景区大门→餐饮广场→西海第一锅→烤鱼区→观鱼轩→内陆渔港码头→水上舞台→西海长廊→蒙古大营→望海亭

B 线［莲海世界（阿洪口）景区游览路线］：

莲花广场→湿地科普馆→莲海阁→二号水上平台

二、景点考试讲解要点

（一）A 线：大河口（西海渔村）景区

各位游客朋友们，现在我们所在的位置是博斯腾湖景区游客接待中心，您看到的这张电子沙盘图全面、立体地展示了博斯腾湖景区的全貌。

博斯腾湖位于博湖县境内，景区由大湖区、小湖区组成。景区内雪山、湖光、绿洲、沙漠、奇禽、异兽，日出、日落、朝霞、晚霞、晨雾、平湖月色等同生共荣，互相映衬，组成了一幅幅丰富多彩的风景画卷。东部大湖区（大河口景区）水域辽阔，烟波浩淼，湖面如镜，天光水色浑为一体，纵览“落霞与孤鹜齐飞，秋水共长天一色”的壮丽旖旎之景。整个景区现已开发荷花池、水上舞台、湿地栈道垂钓、观鱼轩、坐船游湖、自驾车营地等项目。西南小湖区由大小不等的 16 个小湖组成，水域总面积 470 多平方千米，这里有 60 万亩（1 亩≈666.67 平方米）的环湖芦苇与 8 万亩（1 亩≈666.67 平方米）的野生睡莲，是中国四大芦苇产区之一和全国最大的野生睡莲基地，二者相映成趣，形成博斯腾湖美丽的珍珠项链。

大河口　　周卫 摄

在博斯腾湖西南角有莲海世界（阿洪口）景区，游客可以乘船穿梭在苇荡丛中，欣赏苇荡莲塘、水天一色的自然景观，感受江南水乡的惬意，也可乘船登上观景平台，观赏珍奇鸟类，品尝当地特色烧烤以及美味湖鲜。

沙盘上这条黄色灯线，为塔扬旅游专线，也叫环湖公路，顺着环湖公路向南行驶20余千米，可以到达西北地区最大的电力扬水站。扬水站为孔雀河输水，灌溉着巴州孔雀河流域的万顷良田，故而美丽的博斯腾湖又被称为巴州的母亲湖。

顺着塔扬旅游专线接着向前，我们可以看到一处风景迥异的景区——白鹭洲景区。一面是碧波万顷的湖水，一面是连绵起伏的沙山，在这里湖水与沙漠共存，白鹭与沙鸥齐飞，湖杨与红柳共生，碧水共蓝天一色，景色十分的绮丽。

请各位随我上区间车，一同开启今天愉快的旅程。透过车窗，各位是否感受到博斯腾湖景观独特的魅力呢？极端干旱的沙漠与湖水、湿地形成强烈对比反差，湖沙交融的独特场景是否使您感到震撼？

1. 餐饮广场

大河口景区以“盛世渔歌”为主题，突出渔元素，增加渔文化体验。景区餐饮广场采用木建筑结构，苇帘为顶，浮雕游鱼与浪花，风格自然质朴。博斯腾湖物产丰富，在这里大家不仅可以品尝到美味的博斯腾湖野鱼，也可以购买博湖（博斯腾湖的简称）的特色产品，如博湖辣椒酱、博湖番茄酱、鱼子酱、风干鱼、博湖苇菇等。

2. 西海第一锅

大家朝我手指的方向望过去，蓝天白云下，雄浑厚实的“西海第一锅”矗立在眼前，此锅直径4米，高0.85米，它是由10毫米厚的锰、铁及黄铜等金属制成，锅体净重3吨，锅内可容纳3吨鱼4吨水，每年祭湖捕鱼节，西海第一锅点火炖鱼，一锅鲜香美味的鱼宴招待八方来客，堪称大河口西海渔村景区的一大亮点。

3. 烤鱼区

“走遍南北疆，博湖鱼最香”，在民族风味烤鱼区，大家远远就可以闻到飘散在空气中的烤鱼香。整条新鲜的博斯腾湖野生鱼，只需放上一点盐、孜然和辣椒粉，剩下的事就要交给时间与烟火了。博斯腾湖野生鱼肉质紧实，鲜美可口，经过烧烤之后，不止口感外酥里嫩，而且焦香浓郁，这种近乎于原始的烹饪方法，保留了鱼肉最本真的滋味，简单的调料，简单的食材，简单的烹饪方法让食客们流连忘返……吃了博斯腾湖的鱼，赏了博斯腾湖的景，真所谓“西海归来不看海，品罢赤鲈不思鱼”。

4. 观鱼轩

沿着曲折的长廊，展现在我们眼前的是观鱼轩，在亭中朋友们可以选择小憩片刻，感受这里的宁静与静谧，微风拂过湖面，观四方美景，受八面清风，观池中锦鳞结对往来，嬉戏游弋。李白有诗云：“了见水中月，青莲出尘埃。闲居清风亭，左右清风来。”在这里朗诵这首诗，更是别有一番感受在心头。

5. 内陆渔港码头

西海渔港码头是西北五省最大的内陆渔港码头，整个渔港项目新建码头 235 米，护岸停泊线 125 米，可停船数量 150 只，日最高卸货量为 5000 吨。博斯腾湖渔港码头建成后，结束了水产品装卸靠人工搬运和牲畜驮运的历史，增强了博湖水产品的市场竞争力，同时还有效保护了湖区的生态环境。

6. 水上舞台

博斯腾湖是国家 5A 级旅游景区，它神秘、秀美、富饶，是巴州的“母亲湖”。博斯腾湖利用资源优势，通过举办“五节三会”（五节：博斯腾湖捕鱼节、芦苇节、苇菇采摘节、冰雪旅游节、萨吾尔登文化艺术节；三会：正月十五庙会、赛马大会、美食大会）让开放的博斯腾湖走向了全国，走向了世界；博斯腾湖是多民族聚居的地区，汉族、蒙古族、维吾尔族、回族等 22 个民族相亲相爱，守望相助，共同建设美好家园，展示和谐博斯腾湖。现在呈现在我们面前的水上舞台，就是博斯腾湖每年重要节庆活动的开幕式、闭幕式首选场地。

7. 西海长廊

现在我们步入全长 400 米、宽 7 米的西海长廊，长廊笔直地伸向碧蓝的湖水，廊下碧波荡漾，群鱼嬉戏；您抬头可见，长廊顶棚是由博斯腾湖中采割的芦苇编织搭建而成，既可遮阴避暑，又环保美观，长廊两旁展示了博斯腾湖四季的美景以及节庆时的照片。这片生命之源的湖水与死亡之海的沙漠、地球之肾的湿地与马背民族的蒙古族特色风情有机融合在一起，成为一道令人叫绝的亮丽风景线。

博斯腾湖的春天百鸟欢歌，生机盎然，临湖观景，如诗如画；夏季浓荫碧绿，花草繁茂，登船游湖，飞舟斩浪；秋天芦苇金黄，风韵独特，荡舟品湖，心旷神怡；冬季银装素裹，千里冰封，满目苍劲，湖面如镜。四季有景，四季有情。一张张图片呈现出一片欣欣向荣的景象，一张张洋溢着幸福笑脸而编织成的美好画卷，是博斯腾湖畔人们幸福升华的写照，是民族大和谐的印证，更是博斯腾湖光明未来的体现。

在这富有生机活力的长廊上，湖光、水色、鱼乐、花香供人欣赏，生意盎然的自然美和艺术美融为一体，“虽由人作，宛自天开”。

8. 蒙古大营

现在您来到的就是蒙古大营，由一大八小九座特色各异的蒙古包组成，位于中心的大帐气势恢宏。来到帐前，热情豪爽的主人尊您为贵宾，热情敬献上奶茶和美酒。

“江水长，秋草黄，心中是北方家乡”，大家一定听过这首熟悉的蒙古族歌曲《鸿雁》，当歌声响起，那舒缓、苍凉又透着淡淡忧伤的动人旋律一定令您回想起那段土尔扈特部东归历程。博斯腾湖畔生活着勤劳、勇敢又淳朴的蒙古族人民，他们深深地热爱着这方土地，这片美丽的湖泊。我们伟大的精神是各民族共同培育的。在历史长河中，草原文明的热烈奔放、勇猛刚健，源源不断注入中华民族的特质和禀赋中，共同熔铸了以爱国主义为核心的伟大民族精神。土尔扈特万里东归就是这样的历史佳话。土尔扈特部反抗沙俄的压迫奴役、不畏艰险回归祖国，不仅是我国历史上一桩可歌可泣的重大事件，也创造了举世闻名的奇迹。土尔扈特部虽然离开故土一个半世纪之久，但始终在情感上和文化上保持着与祖国的血肉联系，后来万里长途毅然东归，更是彰显了中华民族强大的凝聚力和向心力。正是各民族对祖国的强烈认同，推动中国作为统一多民族国家的不断巩固和发展。

9. 望海亭

望海亭是博斯腾湖景区重要的景点之一。临亭长望，湖区烟波浩渺，水天一色，远衔天山，横无涯际；湖面在明媚阳光的照耀下，碧波粼粼，鸥鸟游戏；盛夏时节，湖中渔船与彩云映衬，群鱼共飞鸟逍波，那美丽的景色，宛如人间的天堂，几分诗情、几分画意。金秋十月，苇絮轻拂，芦苇金黄，秋水凝重，飞雁惊鸿。冬季来临之时，冰封千里，湖面银似镜，一派北国风光。

莲海世界　　周卫 摄

（二）莲海世界（阿洪口）景区

1. 莲花广场

阿洪口是我国最大的野生睡莲生长地，因此还有一个美丽的名字——“莲海世界”。我们面前莲花主题广场因此而得名，眼前一座巨型莲花图案造型的莲花池，浮萍吐翠、莲花争艳，七条栈道直通中心平台。莲海世界水域总面积400多平方千米，拥有我国最大的野生白睡

莲群，博斯腾湖的睡莲在每年的4月底就已含苞欲放，花期直至10月不败，睡莲日出而开，日落而合，被誉为“花中睡美人”。睡莲不仅是名贵的观赏花卉，同时还可以净化水体，吸附水中重金属，被誉为湖泊浊水态与清水态的转换开关及维持清水态的缓冲器。每到夏日，翠绿的莲叶遮住了整个湖面，一望无际的睡莲散发出淡淡的清香，浑然一幅“花在水上开，鸟在莲间嬉”的天然画卷。游客朋友们可以乘船穿梭在苇荡丛中，欣赏苇荡莲塘、水天一色的自然景观，感受江南水乡的惬意，也可乘船登上观景平台，观赏珍奇鸟类，品尝当地特色烧烤以及美味湖鲜。

2. 湿地科普馆

2012年，博斯腾湖景区被评为国家湿地公园。请大家随我一起走进湿地科普馆，去探寻博斯腾湖国家湿地公园的奥秘。博斯腾湖是我国西部干旱区极为罕见的大型淡水湖泊湿地生态系统。湿地公园由湖泊湿地、河流湿地、芦苇湿地、沼泽湿地等生态系统类型组成，湖面水域辽阔，烟波浩渺，水鸟、苇荡、睡莲等自然湿地景观魅力独特，具有完整的自然生态景观，对于调节气候、美化环境、维持生物多样性和生态平衡等发挥着多重生态服务功能，被誉为博湖县的“绿肾”“绿肺”。

博斯腾湖是全国四大苇区之一，环湖芦苇面积达到60万亩（1亩≈666.67平方米），年产干芦苇40万吨，是全国芦苇面积最大的淡水湿地公园，湿地科普馆就以芦苇为主题展开陈列。整个展馆划分为五个区（“芦苇的自白”“芦苇生境的秘密”“走进荒漠绿洲”“生命驿站”“站立”），采用互动体验方式让游客朋友们从各个层面通过认识芦苇、了解湿地，突出湿地作为地球之肾的重要性，倡导人们爱护自然、珍惜自然，倡导绿色生活从我开始。

3. 莲海阁（一号平台）

从莲海广场前方的码头乘船约30分钟来到湖中莲海阁，船儿徜徉在湖中，远山与湖光相互成全，无边辽远、惬意无比。登上二楼，是观赏七彩莲海世界的最佳地点，视野开阔，仰望蓝天万里，俯瞰碧水白莲，真有一种涤清肺腑的感觉。莲花，生性高洁，自古就是贤人君子的写照。有五谷之实，而无其名；兼百花之长，而去其短。盛开时，香远益清；凋谢时，污泥存玉。阳光灿烂时来此眺望，收获酣畅；夕阳西下时来此观赏，感受宁静与芬芳。

4. 二号水上平台

二号水上平台呈圆形，建筑面积3000余平方米，是由八个蒙古包形状的钢木结构的房屋组成，距景区码头15千米。游客朋友们可以在这宁静的环境里赏莲花朵朵，芦叶青青，水天一色，鸥鹭翔飞，看霞光照进涟漪里，映衬着远山，宛如一幅彩色泼墨画卷。

第四节　欢送词

【示例1】

各位游客朋友们：

今天的博斯腾湖之旅就要结束了，非常高兴与大家同游博斯腾湖，您的光临为博斯腾湖平添了众多的活力，相信您在领略博斯腾湖的水文化、沙文化、渔文化、芦苇文化之后，已经陶醉在大漠西海的迷人魅力中。博斯腾湖如同一本书，让你读到美丽、淳朴和悠远；也如同一部优美动听的乐章，让你聆听到明快、和谐和激扬，更如同一幅形神兼备的画卷，让你感受到清新、自然和奔放。

希望博斯腾湖和我们的服务给大家留下美好的印象，诚挚的邀请大家再次光临巴州，期待与您一起观巴音布鲁克草原九曲十八湾的唯美落日、赏塔克拉玛干沙漠千年湖杨、伴着托布秀尔琴的演奏，跳起欢快的沙吾尔登舞蹈！

各位辛苦了，大家再会！

【示例2】

各位尊敬的游客：

博斯腾湖的游览到这里就要结束了。雪山大漠，草原湖泊，多姿多彩的地貌俨然勾勒出一张秀美的面庞，如果说天山是那高耸的眉骨，阿尔金山是她的眼眶，那博斯腾湖无疑就是那清澈的眼眸。博斯腾湖之美远不止碧水、金沙、芦苇、白莲，她的美源于新疆人那种与生俱来对绿洲、对田园的向往，源于新疆各族人民对安定团结、美好生活的孜孜追求。春夏秋冬，四季轮回，这一汪碧蓝以她的慷慨浇灌着塔里木盆地的文明，滋润着牧人唯美的家园。

在这里，我非常感谢各位对我工作的配合，我有什么讲解得不清楚的地方，请多多指教。天山脚下，博斯腾湖畔，一湖莲花，灿然而开，静侯君来。最后祝愿大家在未来的日子里，身体健康，万事如意，希望大家有机会再来巴州，重游博斯腾，谢谢大家！

博斯腾湖小景

第五节　景区知识考试问答

【1】简述博斯腾的含义？

答案："博斯腾湖"为阿尔泰语系、蒙古语族的译音，当地人称它为博斯腾淖尔。"博斯"意为突起、站立，"腾"意为汹涌澎湃、涛声四起之意，"淖尔"意为湖。因为此地当时为蒙古族的游牧地，湖东部有三道海心山站立于湖中。蒙古语又称博斯腾湖为"腾格斯鄂漠"，意为天海、大海。

【2】博斯腾湖属于什么地质类型的湖泊？

答案：在距今约250万年的新第三纪末开始的新构造运动中，北部天山的隆起和南部库鲁克塔格山的抬升使得盆地边缘全部被堵塞。随着冰川融水和雨水在盆地里聚集，最终形成博斯腾湖，属于断陷构造湖。

【3】博斯腾湖的源头是哪条河流？

答案：博斯腾湖的源头是开都河。开都河发源于天山南麓中部，流经和静、焉耆、博湖三县，最终流入全国最大的内陆淡水湖——博斯腾湖。

【4】博斯腾湖景区由几部分构成？

答案：博斯腾湖景区由大湖区、小湖群及湖滨沼泽三部分组成。

【5】新疆两大渔业生产基地在哪里？

答案：新疆两大渔业生产基地分别是：博斯腾湖和乌伦古湖。

【6】简述博斯腾湖水产的种类？

答案：博斯腾湖是新疆最大的渔业生产基地、全国最大的有机鱼生产水面，湖区出产的池沼公鱼、赤鲈、乌鳢、鲢鱼、鳙鱼、鲤鱼、草鱼、青虾、中华绒螯蟹等10个水产品种和大湖区150万亩（1亩≈666.67平方米）水域已通过国家有机认证。

【7】简述博斯腾湖具有代表性的主要经济鱼类？

答案：博斯腾湖具有代表性的主要经济鱼类有：池沼公鱼（黄瓜鱼）、贝加尔雅罗鱼（白条）、赤鲈（五道黑）、鲫鱼、鲤鱼、草鱼。

【8】睡莲的花语是什么？

答案：洁净、纯真、圣洁、美丽、出淤泥而不染。

【9】简述博斯腾湖鸟类资源。

答案：博斯腾湖是鸟类迁徙"东亚—印度"国际航线上的重要驿站，鸟类种类繁多，数量巨大。据《新疆鸟类分布名录》（2011）统计，环博斯腾湖区域的鸟类有9目24科198种，占新疆鸟类总种数的43.71%，占全国鸟类总种数的14.88%。其中，有角䴙䴘、黑鹳、游隼等我国第一类保护鸟类，有大天鹅、金雕、猎隼、秃鹫等27种我国第二类保护鸟类。

【10】博湖县现已成功申报了哪几项国家级非物质文化遗产？

答案：博湖县现已成功申报了四项国家级非物质文化遗产：蒙古族刺绣、蒙古族服饰、萨吾尔登、祝赞词项目。

【11】简述"博斯腾湖四宝"？

答案：辣椒、苇菇、南山沙西瓜和新疆大头鱼。

【12】简述"博斯腾湖四利"？

答案：早在1300多年前，《隋书》里记载博斯腾湖有"鱼、盐、蒲、苇之利"。第一利：鱼；第二利：盐；第三利：香蒲；第四利：芦苇。

【13】简述博斯腾湖芦苇资源?

答案：博斯腾湖芦苇资源充足，是全国面积最大、产量最多、利用率最高的四大苇区之一。环湖芦苇面积60多万亩，芦苇年储量40多万吨。芦苇生长茂密，以多、肥、美而著称，品质好，枝干粗而长，是造纸和人造板的优质原料。

【14】被称为“草原音乐活化石”的是什么?

答案：蒙古族长调民歌以鲜明的游牧文化特征和独特的演唱形式讲述着蒙古民族对历史文化、人文习俗、道德、哲学和艺术的感悟，被称为“草原音乐活化石”。

【15】简述香蒲的功能及用途?

答案：香蒲用途很广，它的叶子宽扁又具韧性，是编帘、席、筐、帽子、拖鞋等手工制品的绝佳材料。香蒲的杆状茎结出的柱状果实成熟后变得蓬松柔软，是填充枕芯的上品，具有清热、静心、安眠的功效。

远眺博斯腾

第六节　教学互动练习和拓展知识窗

一、互动练习

（一）请说出最少两种博斯腾湖美食。

（二）睡莲跟荷花有什么区别？

二、拓展知识

（一）简述土尔扈特部东归历史。

答案：明朝末期，由于蒙古族各部之间征战不断，土尔扈特部被迫西迁，在伏尔加河流域一带游牧。虽然远在万里之遥，土尔扈特部却始终与祖国保持着联系。17—18 世纪正值沙皇俄国崛起、大肆扩张之时，身处异乡的土尔扈特人备受沙俄统治者的剥削和压迫。1771 年 1 月初，不堪忍受欺辱的土尔扈特部发动起义，决意东归。首领渥巴锡率部众 3 万多户、约 17 万人开始了行程万余里、回归祖国的伟大壮举。一路上，土尔扈特部穿越险峻山川、浩瀚沙漠，冲破沙俄军队的追赶拦截，历经艰难困苦，于 1771 年 8 月底，回到祖国怀抱，但一路损失严重，“其至伊犁者，仅以半计”。土尔扈特部东归让乾隆皇帝十分高兴，他对土尔扈特人的义举给予了高度赞扬，并对他们的生产生活进行了周到细致的安排。土尔扈特部反抗沙俄的压迫奴役、不畏艰险回归祖国，不仅是我国历史上一桩可歌可泣的重大事件，也创造了举世闻名的奇迹。

（二）简述蒙古族“萨吾尔登”。

答案：“萨吾尔登”是新疆蒙古族居住区一种乐舞的名称，是以蒙古族弹拨乐器“托布秀尔”伴奏，以表现马为主、又可自由发挥的舞蹈形式。新疆蒙古族无论男女老少，几乎人人都会跳萨吾尔登。萨吾尔登既是新疆蒙古族民间舞曲和歌舞曲的曲牌名称，同时又是民间舞蹈的统称。关于萨吾尔登一词的由来，有很多种说法：一说是形容一种马步；一说是指弹奏“托布秀尔”琴时，手的来回甩动；一说是由蒙古语“萨吾那”而来，意为马的头上下不停地弹动。“登”是托布秀尔弹奏时发出的“登登”声，两词合二为一，就是萨吾尔登。2008 年 6 月，“蒙古族萨吾尔登”经国务院批准列入第二批国家级非物质文化遗产名录。

（三）请简述博斯腾湖国家湿地公园。

答案：博斯腾湖国家湿地公园的湿地类型包括河流湿地、湖泊湿地、沼泽湿地、人工湿地4类，主要保护对象是以雪白睡莲等为代表的重点保护植物，小苇鳽、燕隼等为代表的重点保护鸟类，猞猁、沙狐等为代表的重点保护野生动物，湿地整体生态系统和生物多样性。2021年10月博斯腾湖国家湿地公园入选首批自治区重要湿地名录。新疆湿地分布广、类型丰富、面积较大、资源类型多样，主要分布在阿尔泰山、天山、昆仑山及阿尔金山和塔里木盆地、准噶尔盆地，总面积394.82万公顷，占全区国土面积的2.4%，居全国第5位。

第七章

天山大峡谷景区

第一节　欢迎词

【示例 1】

各位游客：

你们好！

欢迎来到天山大峡谷景区参观游览。我是此行大家的导游，非常高兴能有机会陪同大家一同欣赏领略这雄浑壮阔、绚丽多姿的天山画卷。让我们一起走进天山大峡谷，感受新疆四季之美，体会西域风情，共度一段美好的时光。

天山是亚洲中部的一条大山脉，横贯中国新疆，长约 2500 千米，是古代丝绸之路上的一颗璀璨明珠。天山大峡谷景区地处天山山脉中段天格尔峰北麓，这里雪山

天山大峡谷正门　　周卫 摄

逶迤、冰川纵横、河流蜿蜒、森林茂密、草原如茵、牛羊成群，蓝天、白云、峻岭、雪山、草场、牛群，以及星星点点的毡房，形成了天山大峡谷景区独特而最具代表性的景观带。走进天山大峡谷，您可以领略到“峻秀的天山书画长廊，神奇的峡谷美丽风光，壮丽的草原雪域冰川，丰富的哈萨克族文化”。

游客朋友们，请跟我一起走进神秘的天山深处，去感受寒冷与炎热，干旱与湿润，平坦与陡峻，高大与深邃，冰雪与绿色，去寻找传说中的天山雪莲，追寻七剑下天山的非凡足迹吧。

【示例 2】

各位游客朋友们：

大家好！欢迎大家来到新疆，我的家乡！我是大家此行导游的××，在接下来的旅程中我将和司机王师傅尽心尽力为大家做好服务工作，也期待大家对我们的工作给予积极的配合与支持。预祝大家旅程顺利、快乐！

新疆是歌的海洋、舞的天堂、瓜果之乡、金玉之邦。您相信吗，在新疆随时都能与美相遇！今天就请大家跟随我一起走进天山大峡谷景区。

天山，全球最大的纬向山系；全球距离海洋最远的巨大山系；全球生物多样性最丰富的区域之一……天山大峡谷位于天山山脉中段，有连绵的崇山峻岭、圣洁的雪山冰川、神秘的原始森林、辽阔的山谷草原、纵横的峡谷河流以及浓郁的游牧民族风情，囊括了除沙漠以外的新疆所有自然景观，并先后荣获国家 5A 级旅游景区、国家级森林公园、国家级湿地公园、国家级体育运动休闲基地等国家级荣誉称号。

在这里，您可以近距离接触自然风光与人文景观。轻装漫步于山水间，或车游大峡谷，感受原始和自然的清新气息；坐在湖畔远眺蓝天白云与雪山群峰交相辉映，不由得赞叹大自然的神奇；步入浩瀚、浓郁的雪岭云杉林，去体会它的挺拔和伟岸；来到哈萨克毡房品一壶热气腾腾的奶茶，令人回味无穷。来吧，朋友们，来一次真正的纯净之旅，近距离的感受天山大峡谷的魅力。

第二节　景区概况

一、地理位置、气候、交通、人文等要素

地理位置：天山大峡谷景区地处天山中段北麓、准噶尔盆地南缘，乌鲁木齐南郊，距乌鲁木齐市城区外缘约 20 千米，地跨乌鲁木齐县板房沟乡、托里乡、水西沟镇，是距离乌鲁木齐最近的以自然风光为主的景区。

气候：景区地处欧亚大陆腹地，远离海洋，既具有北温带大陆性干旱气候特征，又具有垂直气候分布带的特点，年平均气温 4℃—6℃，日变化剧烈。同时由于受到多样性地形与地势的影响，形成了天山大峡谷景区所在区域冬暖夏凉的气候特点。

交通：天山大峡谷通过天山大道连接乌鲁木齐市区，距乌鲁木齐市火车站仅半个小时车程，距新疆地窝堡国际机场约 40 千米。

人文：天山大峡谷旅游景区民族风情浓郁，是游牧者的家园。清代诗人纪晓岚有诗曰："牧场芳草绿萋萋，养得骅骝十万蹄。"景区内主要生活着哈萨克族，有多处哈萨克人生活的聚落和放牧的草场，他们至今还保留着哈萨克民族原真性较强的生产生活方式和民族传统风俗文化，为天山大峡谷赢得了"游牧文化活态博物馆"的美誉。原滋原味的哈萨克生产生活方式，阿肯弹唱、黑走马、姑娘追、叼羊、射箭、擀毡等民俗活动和古尔邦节、肉孜节、那吾鲁孜节等哈萨克民俗节庆成为天山大峡谷景区里一道亮丽的风景线。

二、景区建设发展历史简介

1992 年，天山大峡谷被评为国家级森林公园，成为新疆维吾尔自治区第一家国家级森林公园；2011 年 8 月，天山大峡谷景区被评为国家 4A 级旅游景区；2013 年 12 月，天山大峡谷景区被评为国家 5A 级旅游景区，成为新疆维吾尔自治区第 7 家 5A 级旅游景区。2018 年 4 月 13 日，天山大峡谷入围"神奇西北 100 景"。近几年来，天山大峡谷景区精心打造了 3 条总长度为 93 千米的旅游环线道路及新游客中心、八大独特景观建设等基础设施，让景区实现了历史性跨越，已成为一处集旅游观光、休闲度假、会议培训、户外运动为一体的综合性旅游景区。

三、景区游览服务提示

朋友们，为了更好地为大家提供服务，帮助大家愉快地游览天山大峡谷，特做以下温馨提示：

1. 天山大峡谷景区早晚温差大，紫外线强，户外活动时，加强个人防护，做好防寒防晒，防范蚊虫。

2. 游客在乘坐区间车时请系好安全带，等车停稳后上、下车。

3. 景区内如遇路面湿滑，请游客小心慢行，上下台阶注意安全。

4. 景区内禁止吸烟、烧烤、燃点篝火等使用明火行为。

5. 景区内禁止采摘蘑菇、攀折植物，伤害和捕捉野生动物，严禁钓鱼、游泳等行为，以免造成食物中毒和意外伤害。

6. 游客骑马时应阅读骑马安全须知，小心骑乘。

第三节　景区区域分布导览与景点考试讲解要点

一、景区区域分布导览

（一）区域分布

天山大峡谷景区分为八大独特景区，即天山坝休闲区、照壁山度假游乐区、加斯达坂观光区、天鹅湖自然风景区、牛牦湖林海松涛观光区、哈萨克民族风情园区、高山草原生态区、雪山冰川观光区。

（二）游览路线

十二连湖观光区→天山坝休闲区→碧龙湾→照壁山庄观光游览区→天鹅湖景区→天门→牛牦湖沟→加斯达坂

二、景点考试讲解要点

天山大峡谷景区兼容了“泰山之雄伟、峨眉之秀丽、雁荡之巧石、华山之险峻”于一体，二湖、三瀑、四溪、十八谷相映争辉，尤以“奇松、怪石、云海”而受到游客的青睐，留下“五岳归来不看山，大峡谷归来常忆谷”“百里黄金旅游走廊，休闲度假户外天堂”的赞誉。

游客朋友们，如果说丝绸之路是一条美丽的丝带，那么天山大峡谷就是丝带上一颗璀璨的明珠，冰川雪山、森林草原、绿洲沃野、湖泊苇溪，这些一日见四季的神奇景象和极端地貌峰回路转，交相辉映，闪耀着光芒。刚才大家停留的景区游客服务中心，外部造型轮廓呈曲线，就似一条蜿蜒飘舞的丝带。欢迎大家进入景区。

（一）十二连湖观光区

乘坐景区观光车，沿着景观大道一路前行，蓝天、白云、雪峰和漫山遍野、郁郁葱葱的雪岭云杉林如一幅油画在您眼前徐徐展开。天山大峡谷处于博格达峰和天格尔峰之间，景区内沟谷河流流向由南向北，曲折多变，在经历了褶皱、抬升、剥蚀、沉降等复杂的地质构造后，形成许多横向平行断块和山间断裂盆地所组成的复杂地貌。景区山势陡峭，起伏多变，数条山溪性河流在景区穿流而过，形成了罕见的高山森林大峡谷，构成了丰富的景观资源。

首先映入眼帘的是十二连湖景观带。十二连湖由12个景观湖和防洪渠组成，将休闲和防洪功能进行有机结合，实现了“兴水、造景”的叠加效应，湖边绿树成荫，青草如毯，山水相映，令人心旷神怡。

（二）天山坝休闲区

天山大峡谷景区现已开发有八大景区，即天山坝休闲区、照壁山度假游乐区、加斯达坂观光区、天鹅湖自然风景区、牛牦湖林海松涛观光区、哈萨克民族风情园区、高山草原生态区、雪山冰川观光区。

前方我们将要到达天山坝休闲区。天山坝是照壁山水库的拦水大坝，照壁山水库是乌鲁木齐县板房沟河流域的控制性骨干水库，水库总库容量为735.2万立方米，是乌鲁木齐县迄今为止最大的一项水利工程。水库确保了水西沟、板房沟两个城镇供水水源保障、通过水库调节，解决板房沟灌区季节性缺水状况，解决4万亩（1亩≈666.67平方米）农田春旱问题，确保下游10万亩（1亩≈666.67平方米）土地灌溉；通过水库的滞洪削峰，从根本上解决下游防洪问题和水土流失问题。

（三）碧龙湾

水库建成后，回水面积大增，呈现出高峡出平湖的独特景观。我们即将到达碧龙湾，碧龙湾绵延7千米长，水面最宽处可达154米，风和日丽时登上天山坝坝顶，俯瞰整个水域在奇山怪石之间蜿蜒流淌，犹如一条绿色的巨龙游憩于此，因此得名“碧龙湾”。山因水而有灵性，水因山而婀娜多姿。碧龙湾与山相依，与密林相连，晶莹透明的翠海、飞珠碎玉的叠瀑构成了一部旋律优美的大自然交响曲……这条建在碧龙湾边上的观景森林木栈道依山傍水，漫步湾畔，踏上木栈道，一步一景，赏绿波荡漾，听清风徐来，好不惬意。

（四）照壁山庄观光游览区

沿碧龙湾前行，我们即将到达照壁山庄观光游览区。照壁山是天山大峡谷景区的主要山体，海拔约2600米，山体呈东北—西南走向，三面环水，因地势易受阳光和河水的辐射，整个山形时常金碧灿烂，熠熠生辉，酷似旧时王公贵族的府邸照壁墙，“照壁山”也由此得名。照壁山庄坐落在山脚下，环山抱水，环境清幽，是生态观光旅游、避暑疗养、休闲度假、会议科考的最佳选择。太子湖位于照壁山庄前，是牛牦湖沟、进山沟、五道凹沟三条旅游线路的交汇处。当你翻山越岭到达这里，可以感受到墨绿的山、静谧的湖相互交融，如诗如画。

抬眼望去，峻峭秀拔的山峰与苍翠挺拔的雪岭云杉，构成有节奏旋律的立体画面，给游客朋友们无限美感，触发美好情思。天山大峡谷景区深居干旱内陆山地区域，相对高差大，具有垂直自然带的地理特点，自高海拔区至低海拔区，自下而上为荒漠带、草原带、森林带、亚高山草甸带、高山草甸带和高山垫状植被带以及冰雪带，形成不同的生态环境，孕育了独特的植被类型和丰富的生物种类。景区内森林覆盖率在90%以上，拥有高等植物1134种，堪称生物宝库和植物王国。这里山高林茂，有野生动物良好的栖息环境，其中脊椎动物181种，昆虫668种，属于国家一级保护动物的雪豹、北山羊等6种，国家二级保护动物的棕熊、马鹿、盘羊等24种。

在众多植物中，雪岭云杉分布最广，数量最多，属中亚山地植物区系，分布在天山北坡海拔1500—2800米的中低山—亚高山区域，是天山山地针叶林带中最具代表性的森林类型。天山雪岭云杉位列中国最美十大森林之首，其林冠浓郁，树体高大，层代结构复杂，具有鲜明的原生性和地带性，给人以浓郁、浩瀚、挺拔和伟岸之感。雪岭云杉树高达50—60米，主干粗壮笔直，根系极为发达，每株云杉都被称为一座微型水库，可蓄水2.5—3吨，起到了调节气温，涵养水源，保持生态平衡的重要作用。雪岭云杉把天山大峡谷装点得生机盎然，它们顽强的生命力和坚韧不拔的性格，给人们带来对于生命力的启示。

（五）天鹅湖景区

呼吸着新鲜的空气，迎着凉爽的山风，我们前行来到核心景区——天鹅湖。这里有自然恩赐的阳光和蓝天，巍峨耸立的冰川雪峰，静谧幽深的天鹅湖如同一块璀璨的碧玉，晶莹剔透，镶嵌在山岭森林和草甸牧场的环抱中。湖水面积约2.5平方千米，湖水平均水深5.8米，海拔2400米。天鹅湖凄美浪漫的传说故事，为她披上了妩媚的面纱。每年夏秋时节，天鹅湖畔都会有美丽优雅的天鹅在碧波里，引吭高歌，游水嬉戏，为天鹅湖增添了一抹灵动的色彩。

位于天鹅湖畔东侧的是乔亚草场，海拔2500多米，是典型的亚高山草甸观赏区，草场内牛羊成群，白色的毡房，好似朵朵盛开的雪莲花散布在山坳、湖边，那里是哈萨克牧民生活的地方。哈萨克族是有着悠久历史和丰富文化的游牧民族，长期生活在高山、草原、深林环境中的哈萨克人以无限丰富的情感、豪迈豁达的气质，融合富饶美丽的大自然的养育，迸发出无穷的智慧，创造了绚丽多彩的草原文化。“哪里有流水和牧草，哪里就有哈萨克族的毡房和歌”，哈萨克族是天才的诗歌民族，高山草原是诗歌的海洋，毡房里冬不拉的弹奏，拨动心弦，诗歌中承载着哈萨克族人对生活点点滴滴的态度。“马是哈萨克人的翅膀”，马背上的哈萨克人，一生与马为友，世代与马相依相伴，密不可分，游牧在茫茫的草原，哈萨克人骑着骏马，赶着牧群，驮着毡房，风餐露宿，他们把马视作“最忠诚的朋友”，马因此从生活和情感上获得了最大的珍爱与尊重。哈萨克孩子的“成丁礼”叫“上马日”，常常选在5—7岁时进行，成丁的孩子除了得到大人们的祝福外，还将得到属于自己的骏马，陪伴他一起长大。哈萨克青年的爱情也在马背上萌芽，这种马背上的爱情，哈萨克人称之为“Kezkuwar”（克孜库瓦力），也就是我们通常说的“姑娘追”，没错！王洛宾先生的那首《在那遥远的地方》唱的就是那个拿着皮鞭追打小伙儿的美丽姑娘。哈萨克人的精气神是在马背上表现出来的，如果你足够幸运，还能见到真正的叼羊活动，那是牧民少年在习练马术，是力量和智慧的较量。这里是哈萨克族世代游牧的草场，他们的生产和生活给这片土地渲染上了勃勃的生机。

（六）天门

沿着天鹅湖畔的盘山公路，向山巅走去，灰褐巨石间劈开了一条道，这就是天山大峡谷景区最高点——天门。天门海拔 2780 米，在这里，踮起脚尖就可以触碰蓝天，俯身纵览整个乔亚草原和牛牦湖沟。苍穹下，风儿吹动山间的流云聚散卷舒；水儿滋养马背民族豪放奔腾的脉搏；花儿用绵延十里的绚烂，奏出晚春初夏反复上演的动人乐章；炊烟升腾与晨起的忙碌，释散于晚归的悠闲；草原生灵，在沃野里欣欣向荣，在净土上生生不息；歌谣与篝火，唱响冬不拉的牧歌。只有当你亲临此地，才能真正感受“天山天门天上景”的魅力。

（七）牛牦湖沟

穿过这条幽深的峡谷，我们进入牛牦湖沟，沟谷里溪水蜿蜒、怪石嶙峋、云杉密布，奇峰耸立。远处皑皑的雪山清晰可见，那就是北天山喀拉乌成山的主峰天格尔峰，海拔 4562 米，山峰峻峭，雪线处发育的现代冰川成为乌鲁木齐河的源流。天格尔峰分布有大小 77 条现代冰川，最大的是天格尔峰北坡的一号冰川。

由于现代冰川类型集中，冰川地貌和沉积物非常典型，古冰川遗迹保存完整清晰，所以一号冰川有“冰川活化石”之誉，现已成为中国观测研究现代冰川和古冰川遗迹的最佳地点。在新疆，冰川无处不在——不仅在蓝色的天空下、戈壁荒漠中、草原山谷和片片绿洲里，它还在火焰山脚下的坎儿井、在毡房热气腾腾的奶茶里……

森林里，山野间，挺拔俊秀的雪岭云杉傲视苍穹，你还可以看见大片匍匐在斜坡上的松枝，苍翠欲滴，与高大的云杉形成鲜明的对比，它们是爬地松，是被誉为比湖杨树生命力还顽强的植物活化石。她们在高海拔、低气温、大风环境下苍翠依旧，它珍惜被根系所触摸的每一寸土地，然后又悄悄地融入百草繁花，岁月静好，成为自然和谐的背景。朋友们只需稍加留意，便能感受她自强不息的精神风骨。

前方通过这道石门，我们来到一片石林，石林位于景区照壁山庄东侧大约 15 千米处，与加斯达坂风光区相邻。置身石林，这些奇石或单独成景，或聚集成林，有的孤傲挺立，一柱擎天；有的插入沟谷，好似定海神针；有的如神钟倒扣，巧夺天工；有的层次分明，错落有致；大自然的鬼斧神工无不令人称奇。

拾阶而上，从石头沟口到加斯达坂的一段长长的峡谷，您可以看到牛牦湖、神驼峰、镇妖神柱等风景点。

（八）加斯达坂

加斯达坂位于照壁山东面，以两侧陡峭险峻的山谷和亚高山草甸为主形成了独特的风景。夏秋之际，蓝天白云映衬着金色的原野，春夏的中国水墨画即刻幻化为色彩浓烈的西洋油画，震撼着人们的视觉神经。在这里，随便按下相机的快门，都将收获一场视觉盛宴。

第四节　欢送词

【示例 1】

游客朋友们：

“走过很多地方，最美还是新疆”，今天在我们的行程即将结束的时候，将这首歌送给大家，用歌声表达对大家的感谢，用歌词和大家一起回味新疆天山大峡谷的美丽风光，这里有高山和冰川、湖泊和森林、草原与毡房，还有放牧的少年，起舞的姑娘。“新疆”这个名字不再遥远，它将一直是您向往的“诗和远方”。

希望天山大峡谷和我们的服务给大家留下美好的印象，诚挚的邀请大家再次光临天山大峡谷，期待与您一起再次登上空中草原，看那雪峰熠熠生辉，畜群悠悠云移；邀您一起策马扬鞭在辽阔的草原，观天鹅湖的唯美落日，赏天鹅间的缠绵缱绻。让我们一起登上山巅，去寻觅圣洁的雪莲。来吧，朋友们，让我们伴着冬不拉的旋律，跳起欢快的“黑走马”！

最后祝愿大家在未来的日子里，身体健康，万事如意，谢谢大家！大家再会！

【示例 2】

游客朋友们：

今天的天山大峡谷之旅就要结束了，辛苦大家！相信在您领略了皑皑的雪山，苍苍的草原，潺潺的流水，奇妙的峡谷山川和挺拔伟岸的云杉林后，天山大峡谷一定给您留下了深深的印象。您是否还在回味那令人心驰神往的蓝天白云、温婉清新的山风和那热气腾腾、飘香四溢的奶茶呢？天山大峡谷四季所呈现出“春媚、夏幽、秋色、冬韵”的美，张扬而不失内秀，静谧且温柔，犹如一枝独秀般静静地绽放，默默地散发着自己独特的魅力，期待您的再次光临。

与大家的相处虽然短暂，但充满了欢乐和美好，希望我今天的讲解和服务能给大家留下美好的回忆，也希望大家对我工作中的不足提出宝贵意见，以便我不断改进。

最后谢谢大家对我工作的配合，同时期待大家再次光临天山大峡谷，再见！

峡谷一角（观景台）　　周卫 摄

第五节　景区知识考试问答

【1】天山大峡谷景区有哪些称号？

答案：国家级森林公园、国家级体育运动休闲基地、国家5A级旅游景区、自治区全民健身拓展运动培训基地、自治区徒步运动基地、自治区全民健身登山运动培训基地。

【2】天山大峡谷景区内有哪八大独特景区？

答案：天山坝休闲区、照壁山度假游乐区、加斯达坂观光区、天鹅湖自然风景区、牛牦湖林海松涛观光区、哈萨克民族风情园区、高山草原生态区、雪山冰川观光区。

【3】天山雪岭云杉的特点?

答案：天山雪岭云杉广泛分布于海拔1500—2800米的中低山—亚高山地带，其树冠狭长，树主干粗壮笔直、树龄长、生长快、密度大、成材率高。

【4】哈萨克族毡房和蒙古包的区别?

答案：简单说有三个明显差异：第一看建筑外形，圆球形顶的是蒙古包，圆锥形顶的是毡房；其次看搭建采用的杆子形状，搭建毡房用的支杆是一头弯的穹窿状，支撑蒙古包圆形顶部的杆子两头都是直的；第三，毡房的门一般都向东开，蒙古包的门一般向南开。

【5】“照壁”是什么意思?

答案：照壁又称影壁，是中国古代传统建筑特有的部分，设在门外正对大门处，或院内正对大门处。形状有一字形、八字形等，通常是由砖砌成，由座、身、顶三部分组成。照壁可位于大门内，也可位于大门外，前者称为内照壁，后者称为外照壁。照壁起屏蔽作用，使人无法窥见宅院内部，同室内屏风一样，具有使用和观赏的双重价值。

【6】什么是荒漠草原?

答案：荒漠草原是草原向荒漠过渡的一类草原，是草原植被中最干旱的一类草原。荒漠草原主要分布于亚洲大陆内部。如我国的内蒙古西部和新疆。这一地区，年降水量不会超过200毫米，气候干燥，少雨，属于大陆气候。在荒漠草原以荒漠为主，生长的植物主要是一些耐旱、叶小而少而且根深的植物。原因是叶小而少可以减少蒸发，根深可以充分吸取底下水分。

【7】请简单介绍“阿肯弹唱”?

答案：“阿肯弹唱”是哈萨克族的一种民间对唱形式，是哈萨克民间文学的重要内容之一，迄今至少已有1000多年的历史了。哈萨克族通过世世代代的口传心授，“阿肯弹唱”即兴赋诗的熏陶，使哈萨克族被誉为“诗歌民族”，而且也造就了哈萨克人能言会道、出口成章的本领，不仅男女老幼人人爱唱、会唱，而且还有“职业性”的民间歌手——阿肯。“阿肯”是哈萨克族的骄傲，是“诗歌民族”的杰出代表。“阿肯”凭一把冬不拉和嘹亮的歌喉，即兴随口编唱歌曲。技艺娴熟的“阿肯”既是智者的化身，又是文学巨匠，因此深受人民的爱戴和尊敬。他们是民间艺术的保存者、传播者和创作者。

【8】天山山脉最高峰是哪座山峰?

答案:托木尔峰是天山山脉的最高峰,海拔 7443.8 米,属天山山脉中天山区。

【9】广为传唱的哈萨克族民歌有哪些?

答案:《在那遥远的地方》《可爱的一朵玫瑰花》《燕子》《玛依拉》《美丽的姑娘见过千万》《我的花儿》等。

【10】哈萨克族舞蹈的特点是什么?

答案:哈萨克族舞蹈动律性强,表现风格粗犷剽悍、刚健有力、轻快矫捷,草原上游牧、狩猎及日常生活在舞蹈中都有充分展示,充满浓烈的草原生活气息。“挤奶舞”“剪毛舞”“擀毡舞”“天鹅舞”“走马舞”“小骆驼舞”“割草舞”和“鹰舞”等优美舞姿,富有极强的想象力和表现力,使人仿佛身临其境。

【11】请简单介绍哈萨克族的“恰秀”。

答案:各个民族都有向人们表示祝福的方式,如藏族人献哈达、蒙古人敬奶酒,而哈萨克族在遇到喜事时,却要撒奶疙瘩、方块糖、水果糖、包尔沙克等,这种表示祝福和欢迎的仪式,哈萨克人称为“恰秀”,即“撒”的意思。

【12】请简单介绍哈萨克族民间乐器冬不拉。

答案:冬不拉是哈萨克族代表性的弹拨乐器。2008 年,哈萨克族冬不拉艺术列入“第二批国家级非物质文化遗产名录”。“冬不拉”是哈萨克语,“冬”代表乐器的声音;“不拉”是定弦的意思。冬不拉弹奏的力度和速度变化多端,尤其适合表现快速的乐曲。冬不拉由或扁平或瓢形的木制音箱组成,琴杆细长,上嵌有八个或十个品位,按四、五度定弦,可奏和音。演奏注重弹与挑,弹用于重拍,挑用于轻拍。曲调分为歌唱性和说唱性两种,节奏多用混合拍子。

【13】请简单介绍天山雪莲。

答案:雪莲,属双子叶植物纲、菊科,多年生草本,被称作“高山玫瑰”,生长在天山南北海拔 2800—4000 米的高山草坡、悬崖陡壁之上、冰碛岩峰之中,亭亭玉立于风雪,显示出不惧严寒,傲斗冰霜的品格。天山雪莲是新疆特有的珍奇名贵中草药,唯一列入《中国植物红皮书》的雪莲植物,《本草纲目拾遗》记载:雪莲,性大热,能补阴益阳。

【14】中国最美六大冰川？

答案：《中国国家地理》评选的中国最美六大冰川是：绒布冰川（西藏）、托木尔冰川（新疆）、海螺沟冰川（四川）、米堆冰川（西藏）、特拉木坎力冰川（新疆）、透明梦柯冰川（甘肃）。

【15】请说出至少5个新疆国家森林公园。

答案：新疆天山大峡谷国家森林公园、新疆天池国家森林公园、新疆江布拉克国家森林公园、新疆车师古道国家森林公园、新疆勒泰山温泉国家森林公园、新疆贾登峪国家森林公园、新疆白哈巴国家森林公园、新疆哈巴河白桦国家森林公园、新疆乌苏佛山国家森林公园、新疆沙湾鹿角湾国家森林公园、新疆哈日图热格国家森林公园、新疆白石峰国家森林公园、新疆夏特古道国家森林公园、新疆巩留恰西国家森林公园、新疆科桑溶洞国家森林公园、新疆唐布拉国家森林公园、新疆那拉提国家森林公园、新疆巩乃斯国家森林公园、新疆塔西河国家森林公园、新疆巴楚湖杨林国家森林公园、新疆泽普金湖杨林国家森林公园、新疆哈密天山国家森林公园、克州奥依塔克冰川国家森林公园。

第六节　教学互动练习和拓展知识窗

一、互动练习

（一）请简述哈萨克族民间活动“姑娘追”。

（二）请大家讲讲哈萨克族广为流传的鸟类故事传说（白天鹅、山鹰、喜鹊、猫头鹰）。

二、拓展知识

（一）什么是亚高山草甸？

答案：亚高山草甸是高寒草甸的一种类型，分布于山地森林上界附近的地段，所在地高程因纬度、坡向和湿度差异有所不同，中国西部和西北部的高山地区的海拔高度为3000—4000米，再往上就过渡到高山草甸区。亚高山草甸区由于独特的海拔气候条件，导致无霜期较短，冬季寒冷多风，因此，亚高山草甸生态系统中的草本植物物候期比较集中，且生活史较短，从萌芽、抽穗到开花、结实的整个过程常常都集中在2—3个月内完成。这样就会使得很多种类的草本植物在7—8月的夏季集中开花，短时间内开花植物种类多。并且高海拔区域由于紫外线较强，花的颜色也更为多样，紫色花较多，集中开花时，大面积的亚高山草甸区成为一片花的海洋，五颜六色，万紫千红。所以，人们又给亚高山草甸区取了“五花草甸”这个更为形象的名字。

（二）简述中天山北坡垂直带分布情况。

答案：1. 荒漠—半荒漠区：海拔高度400—800米，年平均气温8℃—10℃，年均降水量100—200毫米。

2. 干草原—半荒漠过渡区：海拔高度800—1500米，年平均气温6℃—8℃，年均降水量200—400毫米。

3. 中山带草甸草原带：海拔高度1500—2000米，年平均气温0℃—6℃，年均降水量300—500毫米。

4. 中山带半湿润森林带：海拔高度1800—2800米，年平均气温-3℃—3℃，年降水量500—1000毫米。

5. 高海拔高山草甸—苔原地带：海拔高度2800—3500米，年平均气温：约-3℃—-10℃，年均降水量300—500毫米。

6. 终年积雪带：海拔在3500米以上，年均气温-10℃以下，年均降水量300毫米以下。

第八章

泽普金湖杨景区

第一节　欢迎词

【示例 1】

各位小朋友和大朋友：

大家早上好！

我是大家的领队，我叫王××，大家可以叫我王领队或者小王老师。我身边的这位是李师傅。很高兴这次将由我和李师傅陪大家一起前往泽普金湖杨！这几天，大家如果有任何需要，请随时跟我和李师傅说，我们将竭诚为大家服务。

刚才我仔细看了所有团员的信息，发现车上年纪最小的小朋友已经上小学五年级了，最大的也已经上初中二年级了。有些小朋友是第一次参加我们的活动，有些小朋友已经多次参加过我们的活动了，这说明我们的活动还是很有吸引力的。

金湖杨景区内叶尔羌河流域　　姜禄基 摄

在此，我谨代表××旅游俱乐部向所有的朋友们表示衷心的感谢！感谢大家参加我们的活动！同时也感谢大家对我们的认可和支持！谢谢大家！

现在我们将前往泽普金湖杨景区。为确保这次活动取得预想的效果，白天的活动中将安排各种体验项目，请各位大小朋友们积极参与！晚餐后我们将组织各种讨论会，请所有参与的队员互相交流并分享感受。希望朋友们踊跃参加，积极献言献策！尤其是各位小朋友们要多多发言！发言最多的小朋友有奖品相送！

好了，祝大家本次旅行一切顺利！

【示例 2】

各位团友：

大家好！

欢迎大家参加××旅行社组织的泽普金湖杨之旅！

我是大家的导游，我叫陈××。首先欢迎大家来泽普金湖杨景区旅游！今天和我一起为大家服务的还有我们的司机张师傅，我们很高兴在未来的几天时间中，能陪伴大家一起度过！

古人云：十年修得同船渡。无论是十年还是百年，都因为有缘，陌生人才有那么一次机会，在同一时间、同一空间、同搭一条船，请您珍惜这次缘分！出门在外，条件可能没有家里好，需要您携带足够的宽容和耐心，才能在旅途中，看到最美的风景，感受到人与人之间的真情。

俗话说：“不到新疆，不知中国之大。不到喀什，等于没有来过新疆。”喀什地区三面环山，一面敞开，北有天山山脉横卧，西有帕米尔高原耸立，南部是喀喇昆仑山，东部为塔克拉玛干大沙漠。被高山和沙漠环绕的叶尔羌河、喀什噶尔河冲积平原犹如绿色的宝石镶嵌其中。喀什地区下辖 12 个县级行政区，面积为 16.2 万平方千米。我们现在前往的泽普金湖杨景区，就在泽普县境内，属于喀什下辖的 12 个县级行政区之一。等一会，我将带领大家进入景区游览。

最后，预祝大家泽普金湖杨之旅玩得开心！

第二节 景区概况

一、地理位置、气候、水文、交通、人文等要素

地理位置：泽普金湖杨国家森林公园，位于喀什地区泽普县境内，在泽普县城西南 40 千米的戈壁深处，距离喀什 200 千米；湖杨面积约有 1.8 万亩，景区位于昆

仑山的北麓，坐落在叶尔羌河冲积扇上缘，南部一片绿洲，三面环水，景色宜人。

气候：泽普金湖杨景区属温带大陆性干旱气候，年平均气温 11.4℃，夏季最高气温 39.5℃，冬季最低气温-22.7℃。

水文：泽普金湖杨景区三面被叶尔羌河环绕。叶尔羌河奔腾不息，是中国的四大产玉河之一。雪域昆仑和叶尔羌河共同孕育了这片神奇的土地。

交通：乌鲁木齐市到泽普县城每天都有固定火车直达。从喀什到泽普县城有吐和高速直达。泽普目前没有机场。泽普县城有 X484 线直通景区。

人文：泽普金湖杨景区有全疆唯一一个以长寿命名的村庄——长寿村。

二、景区建设发展历史介绍

2003 年泽普金湖杨景区获得国家森林公园称号。2005 年被原国家旅游局评为 3A 级风景旅游区。2007 年，景区修建了部分景点和娱乐设施，为泽普金湖杨国家森林公园确定了回归自然的现代生活基调。2010 年，当地利用中央旅游基础设施建设资金及森林旅游建设资金，用于景区基础设施建设的升级及改造。2013 年 10 月 18 日，新疆泽普金湖杨荣升为国家 5A 级旅游景区，成为南疆第一个国家 5A 级旅游景区。

三、景区游览服务提示

亲爱的游客朋友们，为了让您能更好地游览泽普金湖杨景区，我们温馨提示如下：

1. 泽普金湖杨景区树林及灌木密布，大家要注意防止受到蛇等野生动物的伤害；同时严禁吸烟，注意防火。

2. 泽普金湖杨景区内道路狭窄，树林密布，乘坐景区内交通工具游览时，切勿将头、手伸出窗外，以免被树枝挂伤。

3. 泽普金湖杨景区海拔高，风沙大，太阳辐射强，游览时请做好防风及防晒措施。

4. 景区游览时，请勿采摘花草或树枝，请保护生态环境。

第三节　景区区域分布导览与景点考试讲解要点

一、景区区域分布导览

（一）区域分布

综合接待区、休闲区、湖杨区、科普区、居民区

（二）游览路线

综合服务大厅→金锁桥→百荷争春→民俗文化表演区→湖杨区→科普馆→知青大院→沙枣人家→长寿村

二、景点考试讲解要点

（一）综合服务大厅

综合服务大厅位于泽普金湖杨景区大门一侧，主要为游客提供咨询、接待、医疗等服务。大厅内还有景区的全景沙盘图，以及泽普特色的农副产品展示等。

进入综合服务大厅，首先呈现在游客面前的是景区的全景沙盘图。沙盘图显示：景区坐落在泽普西南40千米处的亚斯顿林场境内，总占地面积4万亩，天然湖杨林的面积大约3万亩，目前开发面积为1.8万亩。远处是莽莽昆仑，脚下是古老的叶尔羌河，蓝色代表水域部分，大家可以清楚看到景区被叶尔羌河环抱其中，使景区形成了三面环水的美丽画卷。沙盘图下面的这些图片是在不同的季节拍摄的不同的景色。如果你因没有看到最美的景色而遗憾，可以通过这些图片了解这里不同季节的美景。景区总共有30余个景点。一会我会带大家一一浏览。

这边柜台上的银、铜器是当地维吾尔族居民的传统手工艺品，做工精美，款式多样。这些土陶是长寿村的土陶艺人亲手做的。里面还有一个具有维吾尔族特色的手工艺品店。这里是卫生间，进入景区之前，建议大家都去方便一下。

现在请朋友们跟我一起进入景区参观。景区内的交通工具有多种选择，有环保电动车，浪漫气息的自行车，异域风情的马车和小火车。现在我们将乘坐的是环保电动车，请各位扶好扶手。

（二）金锁桥

这里是第一个景点：金锁桥。站在金锁桥上可以看到，远处就是莽莽昆仑，冰川雪原喷涌出万涓雪水，形成蜿蜒曲折、生生不息的叶尔羌河。脚下的叶尔羌河，滔滔奔腾，一泻千里，在广袤无垠的连绵大漠、宽广无际的戈壁旷野间冲积孕育了一片神奇的绿洲。叶尔羌河全长1179千米，是中国的四大产玉河流之一。雪域昆仑和叶尔羌河共同孕育了这片神奇的土地。

（三）百荷争春

我们现在看到的是第二个景点：百荷争春。提起荷花大家应该都不陌生，但在新疆荷花是很少见的，特别是在干旱的南疆。这里的荷花却有它的独特之处，它的颜色并不是单一的色调，而是五颜六色的。每年四五月份的景色，我们可以运用南宋诗人杨万里的几句诗来形容，“小荷才露尖尖角，早有蜻蜓立上头”。到了荷花盛开的时候，我们可以再次运用杨万里的另一首诗来形容，“毕竟金湖杨七月中，风光不与四时同。接天莲叶无穷碧，映日荷花别样红”。

（四）民俗文化表演区

现在就到达了景区的民俗文化表演区。这里会有斗鸡、斗狗、叼羊、达瓦孜、萨哈尔地等民俗表演。在这里，游客可以体验到维吾尔族各种传统民俗。以前这些活动只有冬天农闲的季节才会举行，现在景区已把它常态化，每天在这里定时演出两场，如果游客要求，景区可以根据情况增加演出场次。

（五）湖杨区

各位游客朋友们，现在我们可以近距离地观赏这里的秀气胡杨。有句话说得非常好，“不到沙漠不知地域之宽广，不看胡杨不知生命之辉煌”。大家现在可以看到路两边的都是胡杨树。胡杨是古老珍奇树种之一，是荒漠沙地唯一能成林的树种。生长在浩瀚的沙漠中，它耐寒、耐旱、耐盐碱、抗风沙，有很强的生命力。

胡杨英姿

据统计，世界上60%的胡杨在中国，中国90%的胡杨在新疆，而新疆90%的胡杨在塔里木河流域的巴楚县和泽普县。这里的胡杨和其他地方的沙漠胡杨不一样。叶尔羌河把胡杨林四面环形包围，水资源很丰富，长期享受昆仑雪水滋养。因此这里的胡杨成为幸福胡杨，水乡胡杨，贵族胡杨。这里的胡杨树叶子像银杏树叶，比较饱满。如果说大漠胡杨是一位八十岁老人的话，那么这里的胡杨就如一群十八岁的小姑娘充满活力。

胡杨是世界上最古老的一种杨树，以强大的生命力闻名，有着“活着一千年不死、死了一千年不倒、倒了一千年不朽”的说法，素有“大漠英雄树”的美称。胡杨林可以阻挡风沙，绿化环境，保护农田。

（六）科普馆（叶尔羌河生态博物馆）

为了让更多的人真正认识到保护自然，爱护野生动物，珍惜身边每一片绿色的重要性，景区建造了南疆地区首家叶尔羌河生态博物馆。在这里展出了60种鸟，14种野生动物的标本，大部分就生活在叶尔羌河流域。如雪豹、野骆驼、塔里木兔等。有些是南疆稀有的，即将濒危灭绝的物种，比如国家一级保护动物白头金雕。

这里还可以看到大天鹅和灰鹤。大天鹅生长在我国的新疆、青海、云南等地，它是目前世界上飞得最高的鸟类，它可以飞越世界屋脊喜马拉雅山脉。灰鹤则广泛分布于欧亚大陆，是数量较多、较常见的一种鹤。灰鹤害怕人类，在我国被列为二级保护动物。每到秋季，景区内常常能见到灰鹤的身影。

野生动物区里可以看到雪豹和野骆驼。雪豹是亚洲高山高原地区最具代表性的野生动物，主要分布于中亚各国、蒙古、我国青藏高原及帕米尔高原地区。雪豹被列为国家一级保护动物。野骆驼有双峰驼和单峰驼两种，双峰驼曾在我国北方广泛驯养，至今在内蒙古和西北地区仍然能够见到，单峰驼曾分布于我国的新疆一带，但现在仅见于阿拉伯半岛、印度和非洲北部地区。它的体毛较短，寿命可达50年。它同家骆驼的区别是：驼峰矮小，腿细长，全身的毛短，颜色淡黄。由于野骆驼的数量十分稀少，已被我国列为一级保护动物。目前为止数量小于大熊猫，被认定为最昂贵的珍稀野生保护动物之一。骆驼在缺水的沙漠里能耐渴，它可以8天不喝水也不会渴死。早在2000年前的西汉，当地人就开始用骆驼作为东来西往的交通工具了。

（七）知青大院

现在我们看到的是景区独具特色的景点：知青大院。1955年毛主席提出“农村是一个广阔的天地，在那里是可以大有作为的！”这句话后来便成了知识青年上山下乡的口号。1969年有66名知识青年来到了这里，他们大多来自喀什第二中学。有的游客会问这不是上海的知青吗？其实咱们这里的知青是他们的父辈大多数是当年从上海、北京等大城市来到新疆的，后来他们的子女在喀什二中上学，于是他们的子女也被称为“上海知青”。

这间展馆就是为了重温当年的那段历史而建造的“亚斯顿记忆馆”。“亚斯顿”是这个林场的名字，来到这的知青叫亚斯顿知青。这个展馆虽然不大，但是也如同大海中的一朵小小浪花，是那段特殊历史的缩影。现在大家看到的展品一部分是从老知青手里收集过来的，还有一部分是游客自愿捐赠的。大家看到的这些报纸是20世纪60—70年代的，书桌上是当年知青写的一些学习总结，左边是一系列亚斯顿林场的数据统计表，这两张就是当年林场知青补交团费的登记表，中间的这份就是亚斯顿林场林果业的数据统计表。

这个房间是当时的一间办公室，大家看到的柜子和箱子就是当时知青留下来的，这个展馆很多资料就是从这个柜子里找出来的。当年知青们走的时候把资料都整理到这个柜子里交给了林场老场长保管。这面墙上是当年的毕业证书与奖状，如今已经很难看到了。下面这个是上海产的录音机。这个桌子上摆放的是当时的烟盒：小牡丹、雪莲、大前门。前面这几样简单的乐器都是当年知青用过的，虽然当时的条件非常艰苦，但是他们在劳作之余也会用它来自娱自乐，生活就不会枯燥了。

这个房间主要展示的是当年知青的照片，在这面墙上是全国各地知青的照片，也是当时历史的一个缩影。正中间这面墙上的照片是当时亚斯顿林场知青的照片。下面这个展柜里是当时所用过的票据及证件，小到香皂票、肥皂票、馕票，大到支票、存折。这个展柜主要展示的就是当时关于知识青年上山下乡的三份红头文件。这个展柜展示的是当时喀什地区泽普县的一些文件，有兴趣的朋友可以看一下。

这边一排房子是当年知青的宿舍，现在已改建成知青体验客房。房间里的大板床、火墙、桌子散发着当年的气息。为了增强游客的体验感，房间设施还原了当年的样子，但做了相应的改进，比如卫生间就是现代化的。建造这个知青大院就是为了当过知青的人可以找到当时的回忆，没有当过知青的人也能在这里得到体验。

当时知青为了生活，不得已砍伐了一些胡杨种植了白杨，所以这片林子我们称之为“知青林”，又名“青杨”。大家别看这些树不是很高大，但它已经有三四十年的历史了。大家会问为什么30—40年的树还这么细？那是因为景区正好处于叶尔羌河冲积扇上源，地面土层较薄，下面都是鹅卵石；另一方面，这片树林是次生林，本身就长不大。

（八）沙枣人家

现在我们到达的是沙枣人家，也叫七户人家。因这里面住着七户人家而得名。景区内一共有74户人家，其中7户在这里，其他的67户人家住在长寿村。沙枣人家因屋后长达2千米的沙枣长廊而闻名。路两旁的沙枣树面对面弯曲，形成一个拱形，犹如恋人拥抱。从而形成了一道独特的自然风景。沙枣花开的时候，香气四溢。

相传乾隆皇帝的爱妃香妃身上的香味就是这沙枣花香。据说香妃小时候，喜欢用沙枣花浸泡过的香水沐浴，长大后她的身上便有股沙枣花香味。为了讨得香妃的欢心，乾隆皇帝专门下令，把新疆的沙枣花移植到了皇宫内。沙枣花也是维吾尔族最传统的香料之一。它的果子可以治腹泻，还可以治胃病，沙枣树胶也是纯天然的护发素。

（九）长寿村

前方即将到达的是景区的核心景点，也是游客最喜欢的地方——长寿民俗文化村。说起长寿，不得不提到泽普，泽普是名副其实的长寿之乡。泽普县面积为 989 平方千米，生活着 20.05 万人，其中 80 岁以上的老人有 1200 多人，百岁以上的老人超过 140 人，有全国寿乡之冠的称号。2011 年全国寿乡排行榜百岁老人当中泽普就有两位，分别排名第一位和第六位。在景区的 312 口人当中，80 岁以上的老人就有 15 人以上。

各位游客朋友，我们已经到达了目的地——长寿民俗文化村，也是全疆地区唯一一家以长寿命名的村庄。村里有 67 户人家 312 人。村庄长 1 千米，村里有 10 家农家乐，20 家手工艺品店，10 家小商户，30 个服务支队，每家每户一边干着自家的农家活，一边参与到景区的旅游业当中。如今村民们的生活水平大大提高了，成了喀什地区最富有的农民。

如果您要问当地村民长寿的原因，据说，这和当地人的饮食习惯和生活环境有很大关系。有一位游客曾经说过：在泽普金湖杨“度假一天，增寿一年，幸福一生”。

第四节　欢送词

【示例 1】

各位亲爱的小朋友、大朋友：

大家好！

收获满满的泽普金湖杨之旅即将圆满结束！作为此次活动的随团领队，我已经舍不得和大家说再见啦。我们这次的活动非常顺利，大家也玩得非常开心。可遗憾的是，天下没有不散的宴席。现在大家即将踏上回家的路，此时此刻我有很多话想说：

首先，非常感谢大家的理解和配合！没有大家的配合，这次活动不可能这么顺利。南疆的条件非常艰苦，可是没有人计较。大家的坚强让我非常感动！谢谢大家！

其次，大家已经见识过了，南疆的确很大。大家可以想象一下，到了金秋时节，几十万亩金黄色的胡杨林一眼望不到边，那种景象将是多么壮观！当然，除了胡杨林，南疆还有众多的文物古迹和自然风景等着大家去观赏，比如乌恰的天门大峡谷，温宿的托木尔大峡谷，拜城的克孜尔石窟，库车的天山神秘大峡谷，尉犁的罗布人村寨，等等。

遗憾的是，大家的假期太短，短短几天时间根本不够用。留点遗憾下次再来。期待大家有机会再来新疆，再来喀什！我在喀什等大家！

【示例 2】

时光飞逝，不知不觉几天的时间就过去了。泽普金湖杨之旅即将结束，虽然心里有太多的不舍，但我还是要和大家说再见了。感谢朋友们这几天对我工作的支持和配合，谢谢大家！

在泽普金湖杨景区大家观赏到的是水胡杨，其实大多数的胡杨可没有那么幸运，他们大都生活在大漠深处，终日与沙漠为伴。如果突然遭遇沙尘暴，无情的沙尘很可能会把几米高的胡杨埋在高达几十米的沙丘之下，变成标本，留给后人观赏。如果您以后有机会去塔克拉玛干沙漠游玩，看到沙漠里已枯死的胡杨，请不要惊诧，他们很可能已经有几千年的历史了。

新疆还有很多的美景等着大家去观赏。期待大家有机会再来新疆！祝福大家健康长寿！快乐每一天！

第五节 景区知识考试问答

【1】胡杨属于什么科？

答案：杨柳科。

【2】为什么说胡杨是荒漠地区特有的珍贵森林资源？

答案：因为胡杨生长在沙漠中，它耐寒、耐旱、耐盐碱、抗风沙，有很强的生命力。

【3】胡杨主要用什么方式繁殖？

答案：主要用种子繁殖。

【4】胡杨主要生长在哪些省区？

答案：内蒙古西部、新疆、甘肃、青海。

【5】泽普金湖杨景区是哪一年升为5A级风景名胜区的?

答案：2013年。

【6】泽普金湖杨景区被哪条河三面环绕?

答案：叶尔羌河。

【7】叶尔羌河全长多少千米?

答案：1179千米。

金湖杨景区叶尔羌河流域　　姜禄基 摄

【8】新疆特有的雕种是什么?

答案：白头金雕。

【9】目前为止数量小于大熊猫并被认定为最昂贵的国家一级保护动物的是什么?

答案：野骆驼。

【10】沙枣树胶有什么特殊用途?

答案：沙枣树胶可以用作天然的护发素。

【11】叶尔羌河在阿瓦提县境内与哪条河汇合后汇入塔里木河？

答案：和田河。

【12】塔里木湖全长多少千米？

答案：2179 千米。

【13】泽普是什么意思？

答案：泽普是泽普勒善的简称，塔吉克语，黄金之河的意思。

【14】沙枣树的果实有什么治疗作用？

答案：沙枣可以治腹泻和胃病。

【15】叶尔羌河发源于哪里？

答案：喀喇昆仑山脉。

第六节 教学互动练习和拓展知识窗

一、互动练习

（一）一位游客在长寿村游览时，因内急在村民屋后的果树下小便与村民发生冲突。作为导游该如何处理？

（二）游客在胡杨区游览时，看到树上有一块造型奇特的胡杨枯枝，于是爬上树想折下来带走，作为导游应该怎么处理？

二、拓展知识

（一）为什么说胡杨全身是宝？

答案：胡杨木质坚硬，耐水抗腐，历千年而不朽，是上等建筑和家具用材，树叶富含蛋白质和盐类，是牲畜越冬的上好饲料；叶和花均可入药，因此胡杨是沙漠中的宝树。

（二）请简单介绍世界范围内胡杨的分布情况。

答案：胡杨主要分布在我国内蒙古、新疆、甘肃、青海等省区。国外主要分布在蒙古、埃及、叙利亚、印度、伊朗、阿富汗、巴基斯坦等地。

胡杨倒影

（三）请简单介绍长寿村村民长寿的原因。

答案：原因大概有 5 个。第一：村民们生活在叶尔羌河和提孜那甫河冲积扇上源，昆仑山脚下，他们喝的都是来自昆仑山上纯天然的雪水。第二：这里的森林覆盖率高达 78%，空气非常清新，含氧量很高。第三：村民们吃的是天然的绿色食品，田里和蔬菜地里用的是农家肥。牛羊吃的是甘草，喝的也是昆仑山上的雪水。因此羊肉和牛肉中含有多种对人体有益且人类自身无法合成的维生素。第四：当地有两种长寿果：核桃和红枣。核桃仁含有较多的蛋白质及人体营养必需的不饱和脂肪酸，是大脑组织细胞代谢的重要物质，能滋养脑细胞，增强脑功能。核桃仁还有防止动脉硬化，降低胆固醇的作用。核桃仁含有的大量维生素 E，经常食用有润肌肤、使头发变黑的作用，还可以令皮肤滋润光滑，富于弹性。另一个就是红枣，俗话说“一日吃三枣，红颜永不老”。红枣具有补气、保健肠胃的功效。红枣中含有丰富的维生素 C，是美容养颜、减少老年斑、防止脱发的营养食品。除了这些以外，村民们还常吃杏干、葡萄干、无花果干、巴达木及天然蜂蜜等。第五：生活在这里的每一个人性格都特别开朗，活得非常悠闲，整天无忧无虑。这些就是他们长寿的最大的秘诀。

第九章

巴音布鲁克景区

第一节　欢迎词

【示例1】

亲爱的朋友们：

大家好！

您看过韩寒导演的电影《飞驰人生》吗？影片中让人如痴如醉的景色就出自巴音布鲁克，它保持着原生状态，粗犷但不粗俗，不施脂粉，却美丽出众！这里栖息着各类天鹅，还有山容水态自成图，犹如玉带天河的九曲十八弯，还有那酥油草装扮的绿色大草原，有人把巴音布鲁克比作天山王冠上的宝石。

说到这里，你一定会想看看这人间美景，那么这段旅程我将带领大家去认识美丽迷人的巴音布鲁克。我是导游员××，我会竭诚为大家服务！

【示例2】

亲爱的游客朋友们：

我是本次行程的导游员××，如果说巴音布鲁克是一位美丽端庄的少女，那么牧草就是她漂亮的外装，溪流就是她纯洁的灵魂，而天鹅湖就是她风情万种的眼睛，一个回眸就会让人魂牵梦绕。有这样一首诗歌，“草原打马自悠然，欣揽都河十八弯，鸿雁横空歌劲曲，天鹅戏水俏人颜”，说的就是我们今天要去的如诗如画的巴音布鲁克！让我们去静静品味草原的“白云深处放牧人家，炊烟袅袅染晚霞，雪山云雾弄清纱，牛羊好似珍珠撒”的场景吧！

希望我们这里的好山、好水、好风光给大家带来一份好心情，现在就让我带着大家走进巴音布鲁克，感受它的美丽、热情和淳朴吧！也希望此次之行会成为您人生中不可磨灭的美好记忆。

第二节　景区概况

一、地理位置、气候、水文、交通、人文等要素

地理位置：位于新疆巴音郭楞蒙古自治州和静县巴音布鲁克镇，总面积约23835平方千米，四周为雪山环抱，距离和静县260千米，库车县230千米。

气候：巴音布鲁克属温带大陆性山地气候，夏季较短，冬季漫长，景区海拔2000—2500米。全年气候以寒冷为主，年平均气温-4.7℃；年极端低温-47℃；7月份平均温度10.9℃左右。

水文：开都河穿行于尤尔都斯盆地，沼泽广泛分布，湖泊星罗棋布，由河流、湖泊、沼泽、涌泉共聚一起构成了湿地。

交通：有三条线路可到巴音布鲁克。汽车线路：第一条线路走G217线可到达巴音布鲁克镇；第二条线路走G216线，在巴伦台镇转G218线到巴音布鲁克镇。火车线路：乘坐火车直达和静县。飞机航线：可从乌鲁木齐乘飞机直达那拉提机场。

人文：清乾隆三十六年（1771），土尔扈特部在“东归英雄”渥巴锡的率领下回归祖国，渥巴锡的部众就安置在今天的巴音布鲁克。

巴音布鲁克景区是“新疆天山”世界自然遗产的组成部分，也是国家级天鹅自然保护区；开都河九曲十八弯，素有“天山南麓最肥美的牧场”之美誉。

二、景区建设发展历史简介

1986年7月，巴音布鲁克建立了国家级自然保护区；2013年10月31日，巴音布鲁克湿地入选“2013中国最美十大魅力湿地之一”；2016年10月被评定为国家5A级景区。

三、景区游览服务提示

1. 草原上气温较低，要注意防寒，即使在夏季的七、八、九月，夜间休息时都需盖厚棉被。

2. 天鹅湖一带为草原湿地沼泽，请遵守景区规章制度，游览需在木栈道上行走。

3. 勿野外用火。

4. 草原上夏季蚊虫比较多，建议自备驱蚊水或驱蚊贴。

第三节 景区区域分布导览与景点考试讲解要点

一、景区区域分布导览

（一）区域分布

原生态草原区、服务中心区、天鹅湖自然保护区、沼泽湿地区。

（二）游览路线

巴音布鲁克大草原→游客服务中心→草原之恋→天鹅家园→巴西里克观景台→游客服务中心

二、景点考试讲解要点

（一）巴音布鲁克大草原

亲爱的游客们，现在我们行驶的路两边就是巴音布鲁克大草原了，“巴音布鲁克”是蒙古语，意思是“富饶的泉水”。曾有著名作家写道：“奔向巴音布鲁克草原，所有的美都因为开阔的视野而显得遥远。当你追云而来，发现它一直就在伸手可以摘的地方，而一阵清凉的风会使云朵绽放，如田野间细碎的花儿，戴着雪冠的天山昂首而立，正午时分熠熠闪光，夕阳落时金光四溢，它成为你在奔波旅途中仰望的高度，亦是这一片草原赖以延续的精神依托。”蜿蜒起伏的额尔宾山由东向西横穿巴音布鲁克大草原，将大草原一分为二，自然形成两块高山盆地，东边的盆地叫大尤勒都斯，西边的盆地叫小尤勒都斯。这里平均海拔约2500米，视野开阔，风景层次突出，随着海拔的升高，垂直景观带明显，可谓一山一景，一景一坡，车随境转，景景入画，它是中国第二大亚高山草原，属于典型的禾草草甸草原，也是天山南麓最肥美的亚高山夏季牧场，它的美在于是集山岳、盆地、草原为一体的自然风景区，也是典型的高寒草原草场、高寒草甸草场、高寒沼泽草场和山地草甸草场。车在笔直的柏油公路上飞驰，我们的心在广袤无垠的草原上穿梭，这里幅员辽阔，地势平坦，满目是优质的“酥油草”，哺育着60多万头像云朵一样游荡的牛羊，牛羊成了牧民们世代生息的希望。说到这里呀！这里还盛产焉耆天山马、巴音布鲁克大尾羊、中国的美利奴羊和有“高原坦克”之称的牦牛，它们被誉为“草原四宝”，所以巴音布鲁克大草原也是新疆的牧业基地之一。巴音布鲁克草原不光有天然的景色，还有丰厚的文化底蕴，草原和一个有关回家的故事紧紧相连。1771年，西迁的土尔扈特人在伏尔加河流域游牧 140 多年后，由渥巴锡率领，历经艰险东归祖国。土尔扈特部回归后，这里的草原成为回归部落的中心。

（二）游客服务中心

现在展现在您眼前的便是景区的大门了，您看大门是一只东飞的白天鹅造型，既简洁又大气，在蓝天的映衬下栩栩如生，“天鹅湖”三个字已映入眼帘，更加增添了大家对景区的期待。好！大家请随我下车，您看在游客中心的门口高高挂着一句话“巴音布鲁克，给世界讲故事”，这即是景区开发旅游的总纲，也是目标。来到游客服务中心，这里可以为游客提供景点、门票、地图、旅游手册等旅游信息咨询服务，也是形象展示和对外管理窗口，稍后让我们换乘区间车进入期待的景区吧！

巴音布鲁克九曲十八弯

巴音布鲁克游客服务中心　　周卫 摄

（三）草原之恋

透过明亮的区间车车窗，我们看到了“草原之恋”这一景点，它以高寒湿地生态系统和河曲、沼泽湿地景观美体现了天山的世界遗产价值。您看，草原的天气，像小孩的脸说变就变，刚刚还是艳阳高照，一转眼已是乌云密布，一刹那间一幕银色的雨帘从高空直挂下来，连接天际，将草原裹在蒙蒙的细雨中，草原上的牛羊依旧吃着牧草，仿佛雨是与自己无关紧要的事，脚下的鲜嫩牧草才是第一要务。转眼间，拨开云雾见日出，雨停云敛，夕阳把万道光芒撒向广阔的草原，也为青青的草原镀上一层金色，一道彩虹挂在西边的天空，仿佛是专门为我们搭起的彩门，大气而庄严。路随山转，坐在区间车上，放眼望去，高处是一片碧绿，低洼是一片银白；眼前是一处锦绣，远方是一片空蒙。蓝天如洗，白云如练；闪亮的流泉，青翠的草丛，烂漫的山花，还有百鸟的歌唱和飘动的一缕缕炊烟，勾勒出一幅生机盎然的自然画卷；成群的牛羊悠闲自在地四处觅食，一顶顶蒙古包散落在远方的地平线上，草原、牛羊、蒙古包，构成一种迷人的草原风情，别具一番诱惑力。每年七八月会迎来一年一度的那达慕大会，可以观赏到赛马、摔跤、叼羊、赛牦牛、民族歌舞等传统表演。这期间，可以欣赏到巴音布鲁克天山马矫健的英姿，草原上独有的黑头羊、黄头羊的稳健潇洒，天山野牦牛的凶猛。还可以欣赏到身手不凡的摔跤手，技艺傍身的民间艺人。

（四）天鹅家园

游客朋友，眼前的这片湿地便是巴音布鲁克的天鹅家园了，请随我下车。“天鹅家园”，既是一个天鹅救助站，给受伤的天鹅提供食品和药物，也是一个人与天鹅深度交流的平台。走上人工木栈道极目远眺，只见波光鳞鳞、水天一色，在前方就是天鹅湖了，面积约 300 平方千米，东西长 30 千米，南北宽 10 千米，湖内有螺、蚌、虾等多种生物，食物链非常完整，当然高山冷水鱼资源也非常丰富，据说一条 6 厘米长的小鱼需要生长 7—8 年的时间，可见其珍贵程度，美味自不必说。近处各类水鸟起起落落，远方湖面上有一对天鹅棉花团似地浮在水面上。在木栈道上漫步，一切景致尽收眼底，湖光染上了绿色的精致，山峰披着色彩的美妙，花草透着迷人的姿容，百鸟富有情趣地嬉戏。天高云淡，空明透亮，一下子将人的欲望洗得干干净净，山光水色给人一种如临仙境的感觉。

1980 年成立了巴音布鲁克天鹅自然保护区。保护区水草丰茂，气候湿爽，风光无限。据科考，鸟类有 128 种，其中留鸟 34 种，在这里栖息着我国最大的野生天鹅种群，是鸟类繁殖和渡夏的栖息地，天鹅每年繁殖一次，每次产卵通常 5—6 枚，大多以水生植物的籽、茎、叶为食。通常迁徙距离长达 1000—1500 千米，迁飞时间和地点相对固定。天鹅一般可活 20—30 岁，属长寿之鸟。在我国有五种天鹅，其中三种天鹅在这里栖息，即大天鹅、小天鹅、疣鼻天鹅。沼泽湿地中栖息着近 7000 只野生天鹅，是全球野生天鹅繁殖的南界，保存有世界最大的野生天鹅繁殖群体，是《中华人民共和国野生动物保护法》重点保护的野生动物。保护区最突出的特点是种类多、数量大、栖息地集中、生长发育迅速、居留期长。这里有得天独厚的地理环境和爱鸟如子的当地居民的保护。

这里每年 3 月，数以万计的天鹅和 120 余种水禽，候鸟便会云集天鹅湖，景色蔚为壮观，由此天鹅湖拉开了春天的序幕。4 月，冰雪初融，站在山底往上看，脚下绿茵缭绕，山顶白雪皑皑，垂直景观带明显，可欣赏到一山四景。4 月底—6 月中旬，成群天鹅云集天鹅湖，无垠的草原上万紫千红，各种鲜花竞相开放。6 月底—7 月底，优美的草甸草原风光，风吹草低见牛羊。8 月—9 月，草原绿草如茵，鲜花烂漫，呈现出春天的生机，一派夏季的景象。10 月金色的草原上牛羊成群，犹如散落在金色地毯上的绣花图案，显得格外美丽。10 月中旬，随着气温变冷，天鹅以家族为单位集结，陆续南迁越冬。清晨，当远处的蒙古包升起袅袅炊烟时，大大小小的天鹅们，有的开始休憩，有的开始觅食；有些勤奋的天鹅，展翅掠出湖面，飞过马背、羊群和蒙古包，在远方的山谷里盘旋。太阳升起的时候，雪山的倒影渐渐清晰起来，野鸭、百灵、云雀等水鸟在湖面上掀起了热闹的“鸟语大合唱”，而休息的天鹅数量越来越多。天鹅睡觉的姿势也卓尔不凡，它们将颈插于翅下，或卧于地面，或单腿立于草丛，或飘浮于水面。傍晚是天鹅觅食的高峰期。这时，天鹅们都在湖里跳起了精美绝伦的“水中芭蕾”。它们时而倒立，身体几乎垂直地伸入水面；时而捕捉漂浮的草茎，脖颈来回转动；时而蹲入草丛，搜寻细嫩的小草叶。天鹅硕长的脖颈使它拥有优雅的体态，觅食时，它的脖颈可任意弯曲扭动，划出一道道柔滑的弧线。这里人烟稀少，当地蒙古族牧民视天鹅为幸福鸟，长久以来一直加以精心地保护。

（五）巴西里克观景台

我们的区间车已经抵达了终点站，大家随我下车。跟随我的脚步现在来到的就是巴西里克观景台了，您脚下的就是九曲十八弯的盛景。一条彩带般的开都河在开阔的草原上逶迤蜿蜒，波光粼粼，景色十分优美，这里就是巴音布鲁克最著名的景点——九曲十八弯的日落美景了，曾在央视频道多次出现，勾起了人们畅游这里的欲望，特别是晚霞中的九曲十八弯更是美轮美奂。而美景每天只有那么几分钟，机会不可多得，尤其日落时天地一片暖红，河水上反射出红色的光芒，会呈现出九个

俯瞰巴音布鲁克

太阳的震撼景观，足以感受一天即将过去的最后灿烂。站在观景台上向西眺望，真有种“落霞与孤鹜齐飞，秋水共长天一色”的感觉。您瞧，清澈闪亮的开都河，由西向东，跌宕起伏穿草而过，沿着地势左右萦绕，自然形成九曲十八弯的状态，真有种一曲一洞天，一弯一景致的美妙意境。这优美的线条是怎么形成的呢？原来是这里由于地势落差极小，土质松软，湿地宽阔，河水不仅能够纵行，且可横流。当横流的河水受到山前高地的阻拦后，会反向流去，再受阻再反流，于是从远方逶迤而来的河水在湿地上颇有韵律地左右回转，划出一个个大大的“s”形，形成九曲十八弯。

每年 9 月至 10 月，太阳直落九曲十八弯中轴线，在九曲十八弯上可映出 9 个太阳，这就是传说中的“九阳联珠”景色。当地的牧民说如果能看到 9 个太阳，就会交到好运，所以每年这个时候总会有大量摄影爱好者和游客慕名而来进行拍摄，几乎每个来巴音布鲁克的游客都是为了九曲十八弯，然而拍到 5 个、6 个太阳的游客居多。游客朋友们，让我们静静地期待，我们是否会如此幸运拍到 9 个太阳呢？

第四节　欢送词

【示例 1】

各位尊敬的游客：

伴着晚霞的余晖，我们恋恋不舍地离开了巴音布鲁克，而心仿佛还被那美丽的景色所牵引，无法忘怀。借用著名诗人的一句诗来表达我此刻的惜别之情：“长长的一生里，为什么？欢乐总是乍现就凋落？走得最急的，都是最美的时光。”是的，我们与巴音布鲁克的相处虽然短暂，却充满了欢乐和美好，但愿我今天的讲解能给大家留下永久的美好回忆。

巴音布鲁克的游览到这里就要结束了，感谢大家对我工作的支持。祝愿大家身体健康、家庭和睦、工作顺利、万事如意！有机会欢迎大家带着您的家人和朋友，再次来美丽富饶、祥和宁静的巴音布鲁克游玩，巴音布鲁克永远欢迎您！

【示例 2】

各位朋友们：

有人把巴音布鲁克比作天山中部的王冠宝石，通过此次旅程我相信大家也有这样的感受吧。在这次旅途中，我们沉浸于巴音布鲁克的秀丽山水，沉迷于天鹅湖的绝佳盛景，但因时间关系，此次巴音布鲁克的游览到这里就要结束了。很高兴在过去的几天里能够为大家服务，从而有机会认识大家，但愿我今天的讲解能给大家留下永久而美好的回忆。如果将来有机会来访，请随时与我社联系，我们将会细致周到的安排好大家的每一个行程。

最后我衷心希望咱们能够再次重逢在阳光灿烂的季节！祝大家工作好、身体好、今天好、明天好、好上加好，给点掌声好不好！谢谢大家！

第五节 景区知识考试问答

【1】巴音布鲁克是什么意思?

答案：蒙古语“丰富的泉水”的意思。

【2】巴州的全称为?

答案：巴音郭楞蒙古自治州。

【3】草原四宝指的是什么?

答案：焉耆天山马、巴音布鲁克大尾羊、中国的美利奴羊和有“高原坦克”之称的牦牛。

【4】巴音布鲁克草原最优质的是什么草?

答案：“酥油草”。

【5】蒙古族主要的舞蹈有哪些?

答案：盅碗舞、筷子舞、安代舞。

【6】巴音布鲁克的天鹅主要有哪些品种？

答案：大天鹅、小天鹅、疣鼻天鹅。

【7】巴音布鲁克草原什么时候最美？

答案：在7—8月份，也是游客最多的时候。

【8】蒙古族的三项竞技有哪些？

答案：摔跤、射箭、赛马。

【9】天鹅每年繁殖一次，每次产卵通常几枚？

答案：5—6枚。

【10】什么是湿地？

答案：靠近江河湖海而地表有浅层积水的地带，包括沼泽、滩涂、湿草地等，也包括低潮时水深不超过6米的水域。

【11】开都河河水最终汇入了哪个湖泊？

答案：博斯腾湖。

【12】中国面积最大的草原是哪个草原？

答案：呼伦贝尔草原。

【13】湿地被称为什么？

答案："地球之肾"。

远眺巴音布鲁克

【14】巴音布鲁克景区有多少种鸟类？

答案：128 种。

【15】由韩寒在巴音布鲁克拍摄的电影作品叫什么名字？

答案：《飞驰人生》。

第六节　教学互动练习和拓展知识窗

一、互动练习

（一）在游览巴音布鲁克景区时，如果有游客走出木栈道外，随意进入湿地摄影，你该如何处理？

（二）在结束游览回到游客服务中心时，你发现有两位游客迟迟没有回来，打电话两位游客说已经错过了最后一班区间车，你该如何处理？

二、拓展知识

（一）巩乃斯森林公园

巩乃斯森林公园位于新疆巴音郭楞蒙古自治州的和静县内，在巩乃斯河的上游，是巩乃斯林场所在地。不同于草原“风吹草低见牛羊”的景象，这里倒是漫山遍野都是松树和野花。巩乃斯四季分明，每季的景色都有显著特点，春天满目新绿、夏天百花争放。秋天霜打红叶、冬天银装素裹，是良好的避暑和旅游胜地。这里的云瀑非常壮阔，可以亲身感受到什么是“气吞万里”之象。

（二）浩腾萨拉瀑布

从巴音布鲁克草原出发去浩腾萨拉峡谷，骑马穿过奎克乌苏石林，再行三四十千米，就到了山高谷深、云雾笼罩的浩腾萨拉峡谷。在这条长不过 10 千米、宽不及 0. 5 千米的峡谷中，被人们称为“雪山银练”的浩腾萨拉高原瀑布，从落差约 30 米的断崖上飞泻而下，跌进深潭，银花四溅，水雾弥漫，声如雷鸣。浩腾萨拉瀑布海拔 3200 米，顶宽 6—7 米，底宽 15 米。瀑布周围的景色随季节的不同而变化。

（三）阿尔先温泉

阿尔先温泉水是地表水经地心加热后溢出的，分布广、泉孔多、水温高、水质甘甜、含有多种矿物质和微量元素，温泉水温平均在 43℃—63℃。

第十章

喀什古城景区

第一节　欢迎词

【示例 1】

热爱旅游的朋友们：

大家好！诗词曾这样形容西域："古道悠长，驼铃悠扬，边关明月胡杨沧桑。"的确！这是古代丝绸之路风情的真实体现。新疆古称西域，历史变迁，岁月蹉跎，尘封已久的新疆已经完全改变了模样，如今的南疆是另一番欣欣向荣的景象，就像是一幅生动的时代版《清明上河图》。今天就请跟随我，一起走进喀什的名片——喀什古城景区，去感受那里绚丽多姿的民俗风情画卷吧！喀什有句民谣：来新疆不到喀什，就等于没来新疆，让我们从喀什古城开始愉快的一天。

首先我想问大家一个问题，您知道石榴的故乡是哪里吗？对，就是喀什叶城县，中国石榴之乡。一说大石榴，口水都流出来了吧！喀什古城的百姓也习惯把古城比作石榴，因为这里民族众多，各民族就像石榴籽一样紧紧抱在一起。

古城也像是一座风情万种的露天民俗博物馆，走进这里有您逛不完的巴扎（维吾尔语市场）。喀什历史悠久，古称疏勒，为西汉时期西域三十六国（这里"国"均为我国疆域内的地方政权）之一。2100 年来帕米尔高原的雪水滋润着吐曼河流域肥沃的土壤，写进了古城演绎的历史画卷，那还等什么，快快行动吧！

【示例 2】

朋友们：

欢迎来新疆，这里是你到了就不想离开的地方，街道上不见牛羊成群，却有着最肥美的烤肉；城市里不见麦浪滚滚，却有着芳香的馕饼。在这片广袤的大地上，各族人民创造了一片又一片人进沙退的戈壁奇迹，书写着一代又一代的屯垦戍边的军垦历史。当丝路文明与历史交融的辉煌时刻，这里便诞生了一颗西部明珠，它就是喀什。今天就让我们走进人文历史荟萃的喀什古城，去感受2100年丝路重镇的繁华和沧桑吧！

与古城每一次的邂逅，都是一次意外的惊喜，尘封已久的历史尽情在城中演绎，迎着早上第一缕阳光，随着城门缓缓打开的那一瞬间，喀什古城质朴的画卷已经开启，乐舞齐奏，奔放的麦西来甫欢迎着八方来宾，孩子们调皮的笑脸，老人们开心的笑容，古丽们婀娜的身姿，商贩们热情的叫卖，十足是一幅市井生活百趣图。行走在城中的每一条街巷，总会让你感受与众不同的惊艳，绚丽的花帽，诱人的水果，美味的小吃，精美的乐器，应有尽有，让你留连忘返。

人们都说不到南疆，就没有来过新疆，喀什古城是南疆文化的缩影，当你投入它宽厚的怀抱，质朴的喀什人民总会竖起大拇指，教你一句“喀什噶尔亚克西”。想要重温这美好时刻，就跟随我的脚步走进古城漫游吧！

第二节　景区概况

一、地理位置、气候、交通、人文等要素

地理位置：喀什市区亚瓦格路10号吐曼河流域高阜上。

气候：属暖温带大陆性干旱气候带，年平均气温在11.4℃—11.7℃，年降水量39—664毫米，春夏秋冬四季分明。日照长，蒸发强，气候干燥。冬季低温期长，夏季长而炎热。春季升温快，常有倒春寒；秋季短促，降温迅速。春季多大风、沙暴，浮尘日数频繁。

交通：沿G314线1465千米途经库尔勒、库车、阿克苏到达喀什。乌鲁木齐火车前往喀什，火车站距喀什市区6.5千米。喀什机场距离景区10千米，出租车非常方便，起步价8元。

人文：喀什是东西方文化交流荟萃之地，喀什老城历史悠久、文化丰厚、风情独特，是多民族聚居的一个大家庭，有维吾尔族、汉族、哈萨克族、塔吉克族、柯尔克孜族等民族，景区内吾斯塘博依古街被称为千年古街，周围具有浓郁各民族特色的商铺，充分体现了维吾尔族巴扎文化。巴扎，维吾尔语为“集市”，步入巴扎，就等于跨入丝路风情的大门，这里更像一座露天民俗风情的博物馆。

二、景区建设发展人文历史简介

历史背景：史料分析，喀什古城是在公元10世纪末、11世纪初建立，距今1000年左右，喀喇汗王朝迁都喀什噶尔以后从吐曼河南岸开始形成。大约在16世

纪初期，根据清朝《回疆志》记载，喀什老城占地不到320亩，这样一座袖珍小城却有6座城门。1838年，老城扩建，城区面积扩大将近一倍，一个完整的老城就这么定格下来。2009年党中央、国务院、自治区党委、人民政府实施的老城区危旧房改造综合治理工程，按照“修旧如旧、原址重建”“一户一设计”的原则，既保护了整体风貌，又使老城居民住上具有抗震能力的房子。

景区殊荣：1986年入选中国历史文化名城，2004年被评为中国优秀旅游名城，被称为“最后的西域，活着的古城”。2015年成功创建了国家5A级景区，2018年9月1日正式对外开放，打造“喀什古城印象一条街”。

三、景区游览服务提示

1. 景区是开放式，景点分散容易迷路，请注意路线。建议东门进南门出，不走回头路。

2. 景区每天两场的开城仪式和驼队巡游，一定要注意时间节点，避免错过演出。

3. 景区游览时长一般4—6小时左右，建议在东门游客中心乘坐观光车。

4. 景区游览美食小吃肉食偏多，注意肉制品和水果搭配，最容易导致腹泻，请游客合理安排饮食。

5. 景区经常遇到当地少数民族，热情好客，入户参观需征得主人同意，并尊重当地风俗习惯。

喀什古城景区大门　　周卫 摄

第三节 景区区域分布导览与景点考试讲解要点

一、景区区域分布导览

（一）区域分布

游客接待中心（东门）、巴扎文化参观区、民俗文化游览区、特色美食品尝区、非物质文化遗产传承区、传统民宿居住区。

（二）游览路线（徒步）

常规线路：东门（开城仪式）→阿热亚路（土陶巴扎）→古丽的家→坎土曼巴扎→喀什网红打卡小广场→木器巴扎→维药巴扎→花帽巴扎→美食水果巴扎→吾斯塘博依古街→神秘驼队表演→百年茶馆→巴格其巷民宿街→库木代尔瓦扎路（职人街）→乐器巴扎→铜器巴扎→阿图什巷→南门

二、景点考试讲解要点

（一）东门（开城仪式）

喀什古城的每一天是从热情的麦西来甫（舞蹈）开始的，一到古城，好客的各族群众都会用歌舞欢迎您，上午10：00（下午18：00）古城东门就奏响了欢快的迎宾曲，随着鼓点敲起，城门徐徐开启，仿古迎宾仪式正式开始，古城官吏亲自诵读西域三十六国疏勒城官牒，迎接远方的贵宾。接着喀什历史长河中一个个鲜活的人物逐一登场，张骞出使西域，班超定远城邦，玄奘取经天竺，马可·波罗漫游西行，智者阿凡提幽默风趣，每一场歌舞是喀什历史生活的真实缩影。当使者宣布入城巡游开始时，欢快的鼓点和麦西来甫将仪式推向高潮，整个古城都沉浸在欢乐的海洋中，一个充满仪式感的愉快行程开始了。

（二）阿热亚路（土陶巴扎）

喀什土陶是新疆非物质文化遗产，具有百年历史，古城东门阿热亚路上，花花绿绿的土陶巴扎最能吸引游客的眼球。由于完整的保留了手工工艺，深受游客的喜爱，琳琅满目的商品中以花盆最具特色，大大小小，形状各异，于是这里又多了个好听的名字——花盆巴扎。巴扎的土陶选料天然，质地细腻，耐高温，透气性好，颜色鲜艳，吸附性好，含有多种对身体有益的矿物质。当尘世的喧嚣，即将淹没质朴无华的一切时，能在古城看到匠心打造的每一件土陶，心中总会有许多惬意和欣慰，这是花盆巴扎留给古城最好的礼物吧！

（三）古丽的家

走在古城的街道，有人经常称呼姑娘叫古丽，维吾尔语中古丽就是一朵美丽的花朵。古城景区为了让游客真实体验维吾尔族民俗风情，解决古城就业创业，带动少数民族群众共同致富，树立商户典型的榜样，2017 年由景区的导游萨拉买提·古丽带头，将自家院落改造，开了第一家民族家访点“古丽的家”，给游客提供休息、茶歇、住宿及传统舞蹈表演。在她的带领下，古城里雨后春笋般开了许多小店，一条原本冷清的小街，通过旅游带动了消费，变得非常热闹，各民族通过共同致富，增进互通和友谊，像石榴籽一样紧密地团结在一起。

（四）坎土曼巴扎

喀什古城的街道，是逛不完的巴扎，刚刚离开了古丽的家，接着就走进买买提大叔的店，顺着敲击声走进铁器巴扎，火红的炉温，明亮的铁锤，大多数店铺都是打制坎土曼（维吾尔语锄头的意思）的，街道里到处都是铁器碰撞的叮当声，还有做马掌、铁锅、铁铲的，铁匠铺选料大多是废物利用的生铁，回炉后重新提炼，变废为宝，给居民生活带来了许多经济实惠，如今的铁器巴扎已经成为居民生活中不可缺少的一部分，是喀什古城百姓生活的真实写照。

（五）喀什网红打卡小广场

新疆有一句话“不到喀什就不算到新疆”，坐落在古城印象文化街的小广场，有一处专门给观光客打卡的网红点，采用了具有民族特色的装饰。小广场周围的墙上画的是景区鸟瞰图，并用国家通用语言文学和维吾尔文两种文字书写了标题“不到喀什就不算到新疆”，游客每次路过总要争先恐后的拍照留影，宛如一幅其乐融融的生活画卷。来古城一定记得来这里打卡哦。

（六）木器巴扎

古城的木器巴扎，导游都要提醒游客一件事，你猜猜？不对，不是讨价还价的秘诀，那提醒了什么？稍后揭晓谜底，喀什有十八怪，用的物品真奇怪，木器巴扎里有白杨木雕的枕头、饭勺、饭碗，核桃木雕的果盆，还有榆树的木盆，桑树的木陀螺，简直就是木器的博览会，木匠们娴熟的用车轴反转着每一块木头，用刻刀雕刻出精细的纹路，烧红的烙铁分毫不差的烫出美丽的巴旦木花纹，一件件艺术品就诞生了。当看到挂在木绳上细长的纯手工烟斗，喜出望外的你也许会

喀什古城一角

动手选一个，这时候导游会神秘的提醒你，不是烟斗，那是给 3 岁以下小男孩导尿的漏斗。或许你无法想象这件物品是多么有趣，它还分男女哦。开心的笑声充满了整个巴扎，如果你也对这件物品充满了头趣，那就来逛逛、看看这件神奇的宝贝吧！

（七）维药巴扎

中药是国粹，辨证施治的医药思想影响了华夏几千年，中华医药如百花盛开，民间有藏药、苗药、蒙药，还有新疆的维吾尔医药。经过长期的历史发展，维药形成了比较完整的、独具特色的理论体系，2021 年成功入选新疆非物质文化遗产名录。走进古城的维药巴扎，远远的就闻到了一股奇香，似乎是香草的味道。巴扎上行医买药的几乎都是维药世家，每一家店铺里都有民间高手，走进店铺，看到最多的尽是药茶，经过询问才知道，原来维药理论认为喝茶可以治病。当地居民饮食以肉食为主，喜欢泡一些药食同补的茶来饮用，一般运用茴香、孜然、沙枣、肉豆蔻、丁香等，治病的同时具有健脾胃、消食、驱风、散寒、通经等功效。到维药巴扎千

古城风貌

万别错失机会，记得让维药师傅帮你定制一副属于自己的药茶哦。

（八）花帽巴扎

喀什十八怪，男孩头上把绿帽戴，为什么戴绿帽子呢？原来早期南疆地区风沙大，绿色植物少，维吾尔族认为绿色是对生命的渴望，于是男士普遍流行戴绿色的花帽。花帽一般分为四棱角和六棱角，手工花帽最为昂贵，绣一顶花帽要一个月的时间，从选料到模具衬底都相当讲究，丝线都是天然植物扎染而成，重大喜庆节日，维吾尔男女老少都喜欢戴上花帽。当走进花帽巴扎，整条街道都是色彩缤纷的世界，有和田串珠镶嵌的花帽，于田县世界最小的太力拜客花帽，喀什巴旦木纹的花帽，策勒县的羊羔皮帽子，哈密繁茂细致的花帽，伊犁扁浅圆巧的花帽，吐鲁番浓烈鲜艳的花帽，简直是帽子的王国，记得来巴扎选一顶花帽留个纪念哦。

（九）美食水果巴扎

新疆是美食之乡，到喀什可别忘了去逛一逛古城的美食水果巴扎，5 元一串的羊肉串吊足了食客的胃蕾，不足 10 分钟 100 串一抢而空。不光是肉串，各民族风味小吃应有尽有，有鲜美的烤鹅蛋，营养丰富的缸子肉、红柳羊排、烤全羊、面肺子、抓饭等。民间厨师们各怀绝技，让你的嘴一刻都闲不下来。说到美食还有水果，新疆是瓜果之乡，伽师瓜、石榴汁、葡萄汁，还有甜掉牙的和田无花果酸奶，各种时令水果，让人馋得口水直流。记得别忘了来一碗特色冰饮莎朗刀客，那味道绝了。最令人惊奇的是摊主娴熟的制作工艺，飞快的用冰铲削碎冰块，用盛满手工酸奶的碗接住冰屑，然后顺势扬起 1 米多高，腾空翻转至少 5 次，一气呵成。最后再加一勺天然沙枣花蜂蜜，让你回味无穷。古城的美食水果巴扎是新疆饮食文化的缩影，南来北往的一瞬间留下的是食客满满的回忆。

（十）吾斯塘博依古街

吾斯塘博依古街因历史悠久而被称为千年古街。吾斯塘博依维吾尔语意为“水边”，因最早的街区建于水塘旁而得名。吾斯塘博依古街是喀什古城最繁华的历史街道，街道长约1000 米，周围有具有浓郁民族特色的商铺近千家，政府按照“缺什么补什么，游客需要什么做什么”的思路规划打造，为日渐繁荣的古城就业脱贫提供了新的机遇，充分体现了维吾尔族巴扎文化。走进古街的大街小巷，就等于跨入丝路风情的大门，更像一座露天博物馆。古朴的建筑，雕梁画栋的门楼，穿着各族服饰的百姓，让你目不暇接，沉浸在丝路繁华的喜悦之中。

（十一）神秘驼队表演

新疆是歌舞之乡，丝路风情，古道沧桑，璀璨多姿的历史文化，滋生出曼妙的西域乐舞。在吾斯塘博依古街，各民族演员组成的演出队伍，每天都会整点举行古城巡游表演，节目有欢快的麦西来甫，古典的唐韵乐舞，节奏感强烈的柯尔克孜舞等。姑娘们百媚千娇，顾盼生辉，引得游人驻足留影；神秘的驼队一亮相，总会把演出推向高潮，帅气的小伙，高超的杂技，香妃迎亲的热闹场面，欢呼声回荡在整条街道。

（十二）百年茶馆

吾斯塘博依路与库木代尔瓦扎路交汇处有一座老茶馆，茶馆已有百年的历史，装饰精美，二层建筑，富有浓郁的民族特色。茶馆内有很多炕，无论是否认识，友好的喀什人总会一起围坐在炕上，点上一壶喜爱的茯茶，摆上新疆人的馕饼，一聊就是半天，那简直是悠哉悠哉。走进茶馆，便听到热瓦普和手鼓欢快的节奏，人们谈笑风生，载歌载舞，让你的心情一下子豁然开朗，瞬间忘记自己身处遥远的西部。茶客们来来往往，百年茶馆的茶香依然飘在整个街道，留下的是祖辈们美好的记忆，还有那浓浓的人情味和炙热的家乡情怀。

（十三）巴格其巷民宿街

古城的库木代尔瓦扎路上有许多小巷，最出名的就属巴格其巷了。巷名是维吾尔语，意为园丁，因家家户户有花园而出名。一走进这条巷子，漂亮的门框和门前别致的吊灯总会吸引游客的眼球，每家每户都被主人精心装扮的，尤其房门是色彩缤纷的，每一扇门都是主人的杰作。居民家门口都摆设了各式座椅，好客的主人还铺上了精美的褥子，供游客走累了休息。就连馕坑也被装扮得富有艺术性，透过门窗可以看到院子里精美的雕刻，有汉唐的莲花卷纹，有古罗马的几何图纹，印度的佩斯利花纹，简直是建筑艺术品的博物馆。当夜幕降临，辛苦了一天的居民们悠闲地坐在自家门前，聊天攀谈，孩子们嘻闹地捉迷藏，快乐地踢着足球，生活在这里找到了答案，美好幸福。聪明的古城居民，在巷道里用地砖来区别路标，六棱砖路是四通八达，而四棱砖是将前往路尽头的一家。2010 年 8 月 24 日，住房和城乡八部委联合发文，正式批准实施“喀什市老城区危旧房改造综合治理项目方案”，预计累计投入%1.49 亿元，按照传承传统风格“修旧如旧、原址重建”“一户一设计”的原则，在保护古城的整体风貌基础上，使古城居民住上具有抗震能力的房子，成功创建了国家 5A 级旅游景区。大部分居民响应政府的号召开设了民宿，采取“公司+居民”的合作开发模式，极大地带动了再就业项目的落实，实现让游客“玩在古城、吃在古城、住在古城”的目标。

（十四）库木达尔瓦扎路（职人街）

库木达尔瓦扎路有许多祖祖辈辈传承的手工艺人的作坊，手工艺特色突出，当地人也叫职人街，是喀什的标志性街道。街道与巴扎共存，手艺与传承共生。这里有维吾尔民间乐器世家、喀什最大的铜器世家、传统薄木蒸笼生产、木兰旋木、棉絮翻新等作坊。一条 500 米长的街道，拥有世界及自治区非物质文化遗产的传人，是一条名副其实的手工艺人街。

（十五）乐器巴扎

新疆是世界非物质文化遗产木卡姆的故乡，由 16 世纪阿曼尼沙汗搜集整理，使之系统化和规范化，成为中华文化宝库中的珍品，能歌善舞的维吾尔人传承了木卡姆，民间乐器制作工艺得到发扬和继承，随着动人的乐曲，你一定会被吸引到库木代尔瓦扎路的乐器巴扎，乐器巴扎有世代制作乐器的店铺，墙上挂满了传统乐器，如吹管类的巴拉满，拉弦类的萨塔尔，拨弦类的热瓦普，打击类的达普等。在这里，游客亲眼见证了一件件乐器在艺人手里是如何成型的，像热瓦普琴身是用桑木、杏木或核桃木制作，正面蒙以驴皮、马皮、牦牛皮、山羊皮或蟒皮，琴弦全部采用钢丝弦，也有个别共鸣弦使用肠衣弦的。皮面上置竹或木制长桥形琴马，琴底设有缚弦。复杂的工艺都是琴师手工完成。走在乐器巴扎就是一次美妙的音乐之旅。

（十六）铜器巴扎

在库木达尔瓦扎路的铜器巴扎，你会看到学徒们用一种头部尖利的锥形体在铜胎壶上游走，那手法就像是在写书法，狂草飞扬，一转眼铜瓶上就有了民族特色鲜明的花纹。铜器巴扎基本都是祖传手艺，店主一般都是本地德高望重的老艺人，走进铜器小店更像走进博物馆，这里有各种各样的铜沙玛瓦（一种两用的烧水壶）、铜盘、铜壶。整条街道在阳光下熠熠生辉，自汉唐时期新疆地处丝路之路要塞，多元文化创造了璀璨的历史，古老的铜器工艺既有汉唐的古典风韵，又兼有中亚的神秘色彩，走进铜器巴扎就是一次美妙的东西方文化的艺术品之旅。

（十七）阿图什巷

阿图什巷位于喀什市人民西路北侧，有居民 1530 户，全面改造后大大改善了居民的生活居住条件。现在的巷道面貌焕然一新，长 410 米，宽 8 米，这里曾今商贾云集，是丝绸之路通商要地。阿图什地区的人善于经商，事业遍布中亚、欧洲许多国家。在喀什经商期间，经常留宿喀什，久而久之，越来越多的阿图什人都来到这条巷建房安家，逐渐这里就被人们称为阿图什巷。

（十八）南门

当地人也称沙门，是古城的出口，有按原貌修复后的古城墙，城墙始建于 1838 年，墙上是一个长达 20 米，高达 2 米的浮雕作品，这是古城的“清明上河图”。在木雕作品上可以看到 28 种行业，62 个人，上百座房屋，真实体现着古城居民的日常生活业态。

第四节　欢送词

【示例1】

团友们：

相逢总是短暂的，经过几天的旅程，我们已经对南疆有了更深刻的了解，相信大家都能兴至而来，满载而归。每一位的皮箱里都是琳琅满目的纪念品，大家脸上的微笑是对我工作最真诚的认可，希望伙伴们能留住对喀什的感动。

记得从一开始，看到每一位眼中流露出的好奇感，到旅途中对照片的惊奇表情，再到对巴扎舌尖美食的惬意，到今天离别时的大加赞誉，我能够理解伙伴们对南疆渴望的心情。人们常说：一辈子的邂逅，就要珍惜，错过了，可能不会再次相逢。

作为一名新疆导游，天山雪水养育我长大，瀚海沙漠陶冶了我的胸怀，质朴善良好客的各族人民教会了我感恩，此时此刻我只想深情地说一句，感谢你们对我家乡的厚爱，谢谢你们对新疆旅游的支持，讲好新疆故事，歌颂大美新疆，是我义不容辞的职责。这次相逢，伙伴们期待的眼神是对我最大的鼓励，我将照顾好每一位来疆的游客，做好新疆旅游宣传大使，弘扬时代正能量。最后再次祝伙伴们开心快乐每一天，期待下次再相逢。

【示例2】

伙伴们：

我们很快就要到达机场了，无法抑制内心此时的激动，回想走过的每一个景点，都见证着大家对南疆的挚爱，从走进世界屋脊帕米尔高原开始，圣洁的卡拉库里湖让人陶醉；与冰山上的雄鹰塔吉克族热舞时，我们的心都融化在朵朵白云里。在《花儿为什么这样红》的歌声中，我们走进感动中国英雄人物拉齐尼的学校，真正感受到了塔吉克人“志气比山峰高，快乐比氧气多，骨头比石头硬”的气节。忘不了在高原圣城石头城拍下日照金山的美景，在塔吉克动人的鹰笛中领悟卫国护边的忠诚，从高原到古城，漫步风情夜市开怀畅饮，在喀什古城走街串巷，拜访质朴的维吾尔族老乡，与美丽的古丽们谈笑风生，美景、美食、美人都将是南疆最美好的回忆。离别之际，希望新疆绚丽多姿的风情画卷，留给每一位一生难忘的回忆。最后我想以一首《我们新疆好地方》这首歌曲结束我的讲解，也再次祝愿贵宾们身体康健，与快乐相伴，“我们新疆好地方，那天山南北好牧场……”。

远眺喀什古城

第五节 景区知识考试问答

【1】喀什古城景区内如何区分方向，靠什么可以鉴别？

答案：通过地面砖的形状可以区分方向，六角砖就是互通的主干道，四角砖一般是进入一条小胡同。

【2】喀什古城民居的特点有哪些？

答案：漂亮的门框和门前别致的吊灯总会吸引游客的眼球，每家每户都被主人精心装扮，尤其房门是色彩缤纷的，透过门窗可以看到院子里精美的雕刻，有汉唐的莲花卷纹，有古罗马的几何图纹，有印度的佩斯利花纹，简直是建筑艺术品的博物馆。

【3】喀什古城的土陶巴扎独具特色，请问土陶特点是什么？

答案：土陶选料天然，质地细腻，耐高温，透气性好，颜色鲜艳，吸附性好，含有多种对身体有益的矿物质。

【4】喀什古城最出名的巴扎有？

答案：花盆巴扎（土陶）、木器巴扎、帽子巴扎、维药巴扎、坎土曼巴扎、美食水果巴扎、乐器巴扎、铜器巴扎等。

【5】喀什古城的开城仪式演绎了哪些历史人物？

答案：历史人物西汉张骞，东汉班超，唐朝玄奘，民间智慧人物阿凡提，非物质文化遗产十二木卡姆搜集整理者阿曼尼沙汗，传奇香妃等。

【6】喀什古城百年茶馆的特色是什么？

答案：二楼临街，富有浓郁的民族特色，木雕绘画，传统艺人现场演绎，茶客载歌载舞，盘腿坐炕，开怀品尝新疆特色茶点。

【7】喀什古城最美的两场舞蹈是什么？

答案：每天早上的东门开城仪式，吾斯塘博依老街的驼队迎亲仪式。

【8】喀什古城景区参观的注意事项有哪些？

答案：尊重当地少数民族习俗，进入民居要征得主人同意，要仔细认清地面砖的形状和走向及路标，否则容易迷路。每天下午的古城是最热闹的。

【9】喀什古城居住有哪些民族？

答案：维吾尔族、哈萨克族、回族、乌孜别克族、柯尔克孜族、汉族等 13 个民族。

【10】汉代西域三十六国之一，唐代也是安西四镇之一的古城称作什么？

答案：疏勒城。

【11】喀什古城具体位置在哪里？

答案：喀什市区亚瓦格路吐曼河流域高阜上。

【12】喀什古城被称为南疆地区的“清明上河图”有“许多百”指什么？

答案：有“百人”、游“百巷”、逛“百市”、看“百业”、寻“百宝”、品“百食”、进“百院”、赏“百乐”、验“百怪”等。

【13】喀什古城的非物质文化遗产名录有哪些？

答案：维吾尔族模制法土陶烧制技艺，维吾尔族十二木卡姆，维吾尔族刀郎麦西来甫，维吾尔族模戳印花布技艺，民族乐器制作技艺，维吾尔族喀群赛乃姆，萨满舞等国家级、自治区和地区级非物质文化遗产上百项。

【14】喀什古城的“百怪”有哪些？

答案：吃的烤馕像锅盖，大盘鸡里拌皮带，一年四季羊肉爱，抓饭席上无碗筷；结婚宴席无酒菜，唱歌跳舞乐开怀；男人爱把花帽戴，胶鞋套在皮靴外，裙子穿在裤子外，百根辫子头上戴；风吹石头砸脑袋，阳春三月最不爱，八月瓜果满街摆，香甜瓜果吃不败，木床摆在大门外。

第六节　教学互动练习和拓展知识窗

一、互动练习

（一）请根据讲解词内容，模拟如何带领游客在古城景区参观时不迷路。

（二）结合讲解词内容，请温馨提示古城景区游览需要注意的事项。

二、拓展知识

（一）喀什古城的美食

喀什古城的美食巴扎，体现了南疆地区的特色风味小吃，最有特色的是和田的烤蛋。首先把鸽子蛋套在鸡蛋里，然后套在鸭蛋里，又放到鹅蛋里，最后放入鸵鸟蛋里，加入蜂蜜玛卡和香料，味道妙极了。喀什的鸽子汤简直是一绝，8 小时慢火大锅熬制的鸽汤，不加任何调料，原汁原味营养极致。一种叫莎朗刀客的刨冰，纯正酸奶加昆仑雪水冰块，精湛娴熟的扬起混合，让你乐在其中。还有更绝的无花果酱和蜂蜜熬制配上的酸奶，让你一生都难以忘怀。一款用缸子熬制一整天的没有任何佐料的原汁羊肉汤，加上一点胡椒，那味道不用说，是你回想一辈子的新疆美食味道。

（二）喀什古城的民俗

喀什古城的民俗多姿多彩，当你要走进好客的一家去拜访的时候，需要注意一些细节，通过观察门和门帘来判断是否方便拜访。当门是半开的时候，门里的门帘是拉着的，证明男主人不在家，不方便去拜访；当门开着并且门帘打开，说明一家人都在，欢迎去拜访。

（三）喀什古城的木器

喀什古城的木器巴扎，是以制作日常生活用品及手工艺术品为主。比如：木质的按摩器（助于血液循环），木枕（治疗颈椎病），维吾尔族婴儿摇床。还有一样特殊的小玩意总会吸引男士的眼球，那就是摆在面前的一个“烟斗”，白杨木雕刻，细长精巧，总会有人买错，装上烟卷抽的时候，会引来居民的哄堂大笑，你要注意那是给三岁以下的宝宝摇床导尿的器具，并且分男女哟，这是世界上最奇妙的一件生活用品。

第十一章

喀拉峻景区

第一节 欢迎词

【示例1】

亲爱的游客朋友们：

大家好！

俗话说“不到新疆不知祖国之大，不到伊犁不知新疆之美”，欢迎大家来到美丽的塞外江南——伊犁。我是导游员××。

我们都知道新疆是终年干旱少雨的区域，给人们留下的印象也是大漠湖杨、戈壁风霜。但是在新疆的西部有个地方却素有“中亚湿岛”之称，她就是美丽的伊犁。作为干旱地带上少有的降水丰沛地区，这里拥有众多水草丰美的草原，诞生了许多耳熟能详的草原景区，孕育了历史悠久的游牧文化，也有许多英雄人物在此登场又落幕。或许有些伊犁的美景大家都有所耳闻，请问在您心目中的美景天花板是哪个草原呢？别着急回答，等今天的旅程结束后，相信您心中自有答案了！

今天我们要去游览的是王者草原——喀拉峻。在一望无际的草原上，我们如同百灵鸟飞翔，欢声笑语像鸟儿的歌声一样播撒在辽阔的草原，开心的笑脸如同花朵一样盛开，愿我们今天拥有一段美妙又愉快的旅程。

【示例2】

游客朋友们：

大家好！

有首歌唱得好：远方的人请问你来自哪里？你可曾听说过阿瓦儿古丽？她带着我的心，穿越了戈壁，多年以前丢失在遥远的伊犁！你猜为什么歌手的心会丢失在伊犁呢？

尊敬的各位游客朋友，欢迎大家来到我的家乡伊犁旅游观光，我是导游员××，我代表××旅游公司，热忱欢迎您的到来！坐在我旁边的这位是我的搭档王师傅，我们对今天的旅游路线非常熟悉，希望我们的热情服务让大家拥有一次开心快乐的旅程。

今天就让我们一同去寻觅歌声中的伊犁究竟有何等魅力，是不是因为伊犁的美景、美人和美食让人们流连忘返，把心儿留在了伊犁！咱们看看今天我们团队会有几人将心儿留在伊犁哦。

今天我们将要游览的是喀拉峻，请大家带好随身物品，我们现在启程向快乐出发！美丽的喀拉峻草原，我们来了！

第二节　景区概况

一、地理位置、气候、水文、交通、人文等要素

地理位置：喀拉峻位于新疆伊犁哈萨克自治州特克斯县境内，地处天山中部的比依克山北麓，东至阿克布拉克，西至阔克苏河谷，南至中天山雪峰，北至喀甫萨朗村，东西长 89 千米、南北宽 32 千米，总面积达 2848 平方千米，各景点海拔为 1305—3957 米，平均海拔 2500 米以上。

气候：喀拉峻草原地属寒温带大陆性气候，春、夏季多降水，凉爽舒适，冬季相对温暖干燥；年平均气温 6℃—9℃。

水文：去往鳄鱼湾景点方向的是阔克苏河，去往漂流方向的是库尔代河，喀拉峻湖湖区面积为 273. 6 公顷，总库容 1. 59 亿立方米，湖水最深处达 97 米，平均水深 80 米。

交通：有三种交通工具可到喀拉峻景区。汽车：乘车沿 G577 线到达特克斯县，经 Y276 线抵达喀拉峻景区；火车：乘火车（C841、K9789）到伊宁站；飞机：从乌鲁木齐乘飞机到伊宁机场。

人文：喀拉峻位于中国古丝绸之路北道，是融历史文化与自然科学价值于一体的文化圣地，至今仍保留着极为丰富的历史文化遗存，琼库什台国家历史文化名村仍然保留着哈萨克民族传统的生产生活方式。

二、景区建设发展历史简介

2013 年 6 月 21 日，东喀拉峻景区被列入“新疆天山”世界自然遗产名录，2016 年被国家旅游局评为 5A 级旅游景区。

三、景区游览服务提示

1. 喀拉峻景区游览路线多，请游客根据自己的时间，合理安排游览路线。

2. 景区有 2 个入园门票站：喀拉峻游客中心、布拉克门票站，请游客根据游览路线选择合理入口。

3. 景区面积广大，有乌孙夏都和库尔代河风情园 2 处用餐地点可供选择。

东喀拉峻景区一角　　周卫 摄

第三节　景区区域分布导览与景点考试讲解要点

一、景区区域分布导览

（一）区域分布

阔克苏大峡谷景区、西喀拉峻景区、东喀拉峻景区、中天山雪峰景区、天籁之林景区。

（二）游览路线

喀拉峻游客服务中心→喀拉峻湖→鳄鱼湾→九曲十八弯→阔克苏大峡谷→西喀拉峻→两仪台→百花坡→军马场→乌孙夏都→东喀拉峻鲜花台→猎鹰台→三级夷平

面观景台→布拉克门票站

二、景点考试讲解要点

（一）喀拉峻游客服务中心

尊敬的游客朋友们，我们现在来到的是喀拉峻旅游区的游客服务中心，这是喀拉峻全域旅游的入口。“喀拉峻”哈萨克语意为“黑色肥沃辽阔的莽原”。为什么喀拉峻如此美丽呢？因为这里拥有非常良好的自然条件，动植物品种多样，区内集森林、草原、雪山、冰川、河流、湖泊、峡谷等自然景观为一体，代表了新疆天山美学的自然景观。喀拉峻旅游区共包括五个子景区，其中已经开发投入运行的是阔克苏大峡谷景区、西喀拉峻景区和东喀拉峻景区三个子景区；还在开发建设的有中天山雪峰景区、天籁之林景区两个子景区。今天我们要游览的是前三个已运行的景区。

喀拉峻景区五个子景区各有什么特点呢？首先，阔克苏大峡谷景区是核心景区，景观特色主要以峡谷地貌、水体景观、高山草原为主，生态和人文相互辉映，让我们能体验到壮丽的美感。其次，西喀拉峻景区内草原壮阔无垠，远方巍峨雪峰林立，五色花海如潮水般涌动，草甸如海浪般层层漫卷，每到转场时节，万马奔腾如闪电疾风。最后，东喀拉峻景区作为“新疆天山”世界自然遗产的重要组成部分，景区内雪峰与峡谷辉映，森林与草原镶嵌，五花绽放，姹紫嫣红，构成一幅幅无与伦比的艺术画卷！

大家想知道将来要开发的两处景区是什么样子的吗？第一处是中天山雪峰景区，琼库什台是国家历史文化名村，村落保留了哈萨克木屋建筑和传统的生产生活方式。第二处景区是天籁之林景区，这里分布着高大密集的雪岭云杉原始森林，向世人展现一个自然纯净、不染尘世的原始画廊。

（二）喀拉峻湖

现在我们坐上了游船，这里是进入阔克苏大峡谷景区游览的必经之路。喀拉峻湖由库尔代河和阔克苏河两条河流汇聚而成，湖水最深处达 97 米，平均水深 80 米。航行在湖面上，风平浪静时湖水如同翡翠般湛绿，随着天气变幻湖水又呈现出深蓝、翠绿、碧绿等不同的色彩。天气晴朗时，湖岸两侧层叠的山峦、曲折的湖岸倒映在喀拉峻湖水面上，看上去仿佛一幅水墨丹青画。雨雪纷纷时，喀拉峻湖面烟云缭绕，登高远望，雪峰、草甸若隐若现，宛如仙境，既有北国风光之雄，又有江南山水之秀。

（三）鳄鱼湾

现在我们乘区间车继续观光游览的是鳄鱼湾，这是阔克苏大峡谷内的著名景点，因山体形状像两只趴在谷底的鳄鱼而得名。您看到了吗？在远处的谷底仿佛有两只巨大的鳄鱼头部潜伏在河中，只露出眼睛和鼻子，伺机发动突然袭击，是不是栩栩如生呢？鳄鱼湾谷深约360米，南北长约1600米，东西宽约1400米，崖岸陡峭地势险峻，河水流经这里，天气晴朗时会呈现乳白、碧绿、翠绿3色河水奇景。沿木栈道每个角度看过去，从外形到周围环境都显得惟妙惟肖，让人不由感慨大自然的鬼斧神工。这里台阶较陡，朋友们注意走路不看景，观景不走路，要注意安全哦。

（四）九曲十八弯

前方就是喀拉峻景区的标志性景观“人体”草原所在地了，喀拉峻草原常用的宣传美照“人体”草原，那她的美究竟在哪里呢？草原线条起伏柔美，傍晚时分太阳西斜，在明暗光影的衬托下貌似少女腰背曲线之美，引得无数摄影爱好者纷至沓来。阔克苏河在阔克苏大峡谷宽广的谷底曲折流转，如蛟龙迂回向前，形成南北长约5600余米、东西宽约2000余米的九曲十八弯。在这里可欣赏阔克苏河在巍峨天山映衬下的秀丽美景，抬眼望去，周围群山环绕，山峦叠嶂，低头俯瞰，谷间河水平缓，波光荡漾。河岸植被郁郁葱葱，牧民的毡房点缀其间，晨曦落霞中隐现着山峦柔美的线条，意境绝美。

（五）阔克苏大峡谷

阔克苏大峡谷是由亿万年来沉积的岩层随地质运动和天山雪融水相互作用而形成的。阔克苏河将峡谷两岸切割成坡度陡峭，垂直高差达360余米的深邃峡谷。乘船游览峡谷，只见两侧崖岸陡峭险峻，岩石直立像书页，弯褶如衣皱，石壁如同俯冲而下的凶猛雄鹰。峡谷山间有许多神秘的洞穴，悬崖上栖息着大量鸟类，谷底水流平缓，河道转弯处水面如镜子般平滑，将崖岸、山石、草树、天空倒映其中，行船其间有轻舟已过万重山的意境。

（六）西喀拉峻

西喀拉峻景区是喀拉峻旅游区的五大景区之一。景区内草原壮阔无垠，远方巍峨雪峰林立，五色花海如潮般涌动，草甸如海浪般层层漫卷，这里，有着悠久的军马驯养历史，每到转场时节，万马奔腾如闪电疾风。

（七）两仪台

两仪台是喀拉峻湖景的最佳观赏位置，“两仪”是指喀拉峻湖水会呈现两种颜色，为什么会出现两色水奇观呢？原来是因为库尔代河发源于天山北坡，经山林涵养后水质较软；而阔克苏河发源于天山南坡雪峰，河水中携带大量碳酸钙质，水质较硬。两条河在库尔台交汇，因河水中矿物质含量不同，与天色和山色相互折射后产生的色彩变化也不同。在晴朗的日子里，如果您通过偏光眼镜观察，可清楚地看到两河交汇之处，形成了长约 500 米的“两色水”奇观，两仪台因此而得名。

（八）百花坡

百花坡是西喀拉峻景区野生草本植物观赏点。喀拉峻草原土质肥沃，降水丰富，每年四月下旬开始，草原上青草开始嫩绿，漫山遍野的花朵悄悄藏在草丛中，红的、黄的、紫的、粉的，五颜六色，每一朵都是仰着笑脸欢迎各位游客，每一朵都充满了生命的活力。加上放牧的牛羊群和栖息在草原里的珍稀野禽，一片生机勃勃，美不胜收。这里生长的主要植物有：细叶早熟禾、草地老鹳草、紫花鸢尾、白羊草、草原糙苏等。

（九）军马场

如此茂盛的草原，造就了品质优良的伊犁马，马场总面积 3.14 万公顷，其中草场面积 2.93 万公顷，农田面积 2000 公顷，这里地形多样，主要分布有山地、丘陵、

喀拉峻鳄鱼谷

河谷平原三种地形，地势东高西低，气候适宜，属于大陆性北温带半干旱山区气候，夏无酷暑，冬无严寒，而且水源充足，山泉、溪流、河道交错，如此优良的环境，诞生了品种优良的骏马。在6—9月，这里各种野花开遍山岗，将草原点缀得绚丽多姿，成了游客非常喜爱的草场，供游人拍照，使得来这里游玩的人们流连忘返。

（十）乌孙夏都

游玩到这里，我们不禁想问：都是哪些人曾经在这片优美的草原上放牧生活？这就得从两千多年前说起了，约在公元前3世纪末至西汉初，乌孙人每年往返于冬都和夏都之间“逐水草而居”。据考证，乌孙夏都就在今天的喀拉峻草原。据《汉书》记载，乌孙人居住在伊犁河南缘，特克斯河正是伊犁河南缘最大的河流，河谷水草最为丰美。

（十一）鲜花台

您知道景区最美的地方在哪里吗？就是我们现在来到的“高山五花草甸”草原。鲜花台的主要植物有天山橐吾、黄花龙胆、天山点地梅、偏花报春、白花老鹳草、高山紫菀、田旋花、天山翠雀花、阿尔泰金莲花等。这里地势整体向南倾斜，犹如一座平缓无垠的悬空草场，宛如一幅巨型绿色地毯，一直铺到冰雪皑皑的高山脚下。这里土层深厚，土壤肥沃，温度适宜，降水充沛，非常适合牧草生长，生长着105种各种优质牧草，长势低矮而密实。每年4—5月，绿草如茵，翠绿欲滴，大地铺满绿色绒毯；6—7月，草原变装成繁花似锦，绚丽多姿的花儿海洋；8—10月，秋草泛黄，灌丛凝红，金色镶边，尽显五花草原色彩之美。

（十二）猎鹰台

过去的人们有训练猛禽的习俗，猎鹰台是传统的训鹰场所，鹰猎人擅长利用各种猛禽捕猎野兽和飞禽，例如用雄鹰捕猎狼、狐狸，用苍鹰捕猎天鹅、野鸡。在民间比较精通鹰猎学问的人被称鹰猎专家，他们通过观察猎鹰的体形、翅膀、羽毛等外貌特征，能准确地辨认出猎鹰品种的好坏、力气的大小、是否善于捕猎、岁数有多大。他们把有关鹰猎的全部知识和经验方法，一代一代地传授给后代。民间在历史上用以狩猎的猛禽有金雕、苍鹰、游隼等。随着人与自然和谐相处，现在看到猎鹰的机会也越来越少了。

（十三）三级夷平面观景台

最后我们参观的是喀拉峻的地质景观三级夷平面，夷平面的形成是一个漫长而复杂的过程，以截面形式横切所有在年龄上先于它的地层和构造的一种平缓地形，是地貌长期发展的终极产物，形成准平原或山麓剥蚀平原，最后经抬升破坏或埋藏的结果。对于我们来说，或许通过夷平面看到壮观的天山层次景观，更加有直观的美感。

第四节　欢送词

【示例1】

亲爱的游客朋友们：

随着车辆驶向景区出口，我们今天的旅程也要告一段落了。回首今日，我们从日出东方一直游玩到夕阳西斜，整整一天的时间徜徉在喀拉峻草原。今日的旅途好运一直伴随着我们，没有遇到刮风下雨，整天都是风和日丽。相信喀拉峻的美景已经深深烙印在每个人心中，而您的到来也让亘古的草原有了新的生机。

虽然有万般不舍，终须离别再见。感谢朋友们对我工作的支持，给予我的配合与帮助，也许我不是最好的导游，但大家却是我接待过的最好的游客。希望朋友们今日收获了开心快乐，回忆里都是欢歌笑语。希望您回家之后，告诉您身边的所有人一个真实的新疆，我由衷盼望着有朝一日能在美丽的伊犁喀拉峻遇到您的家人与朋友。亲爱的朋友们，祝大家一路顺风，再见！

【示例2】

尊敬的各位游客：

随着今天行程的结束，又到了我工作环节中最不舍的阶段了。在今天的美妙旅程中，我们一同游览了喀拉峻的各景点，从草原到峡谷，从花海到湖泊，全方位欣赏了喀拉峻的美景。而且我们先后乘坐了海陆空三种交通工具，可以说体验了全方位立体景观了。如果说伟岸的天山是巨人的身躯，山顶的云杉就如同她浓密的头发，山脚下的草原是她身着的长裙，而一片片的花海就如同首饰一般艳丽夺目。

今天朋友们的到来，给生机盎然的草原带来了新的活力。同时也希望朋友们能把草原的美景分享给家人，给自己的亲朋好友“种草”，吸引他们也来旅行打卡，记得联系我哦，感谢您对我工作的支持。“十里长亭送君别，真情盼望早日归”，道一声珍重，说一句再会！

诗画喀拉峻

第五节 景区知识考试问答

【1】喀拉峻景区位于伊犁州哪个县?

答案：特克斯县。

【2】特克斯县又被称为什么城?

答案：八卦城。

【3】喀拉峻是什么意思?

答案：哈萨克语意为“黑色肥沃辽阔的莽原”。

【4】喀拉峻景区由哪几个子景区组成？

答案：阔克苏大峡谷景区、西喀拉峻景区、东喀拉峻景区、中天山雪峰景区和天籁之林景区。

【5】目前已经开放接待游客的是哪几个子景区？

答案：阔克苏大峡谷景区、西喀拉峻景区、东喀拉峻景区。

【6】喀拉峻的哪个景区被列入世界自然遗产名录？

答案：东喀拉峻景区被列入世界自然遗产名录。

【7】喀拉峻景区几月五花草甸最美？

答案：6—7 月。

【8】喀拉峻景区有哪两个门票站入口？

答案：喀拉峻游客中心、布拉克门票站。

【9】游览整个喀拉峻景区会乘坐哪几种交通工具？

答案：汽车、游船、索道。

【10】在喀拉峻景区有个景点酷似什么爬行动物？

答案：鳄鱼。

【11】人体草原具体位于哪个位置？

答案：位于九曲十八弯景点的西侧。

【12】两仪台景点因为什么而得名？

答案：喀拉峻湖水形成了长约 500 米的“两色水”奇观。

【13】哈萨克族的传统饮食有哪些？

答案：奶茶、包尔沙克、馓子、手抓肉等。

【14】在喀拉峻景区能看到的植物有哪些？

答案：天山橐吾、黄花龙胆、天山点地梅、偏花报春、白花老鹳草、高山紫菀、田旋花、天山翠雀花、阿尔泰金莲花等。

【15】喀拉峻景区哪个景点以鸟类名字命名？

答案：猎鹰台景点。

第六节　教学互动练习和拓展知识窗

一、互动练习

（一）导游小李即将带领团队前往草原景区游玩，行前有哪些需要提醒游客的注意事项？

（二）游客在草原自由活动时，自费体验骑马，从马背上跌落摔伤，请问导游该如何处理？

二、拓展知识

（一）伊犁马

伊犁马属于脊索动物门，哺乳纲，奇蹄目，马科，马属，马种，伊犁马亚种。是我国珍稀的动物资源。平均体高144—148厘米，体重400—450千克。体格高大，结构匀称，头部小巧而伶俐，眼大眸明，毛色以骝毛、栗毛及黑毛为主，四肢和额部常有被称作“白章”的白色斑块，因力速兼备是优良马种。

（二）琼库什台村落

喀拉峻琼库什台村是一个藏在深山却鼎鼎有名的村庄。村内几乎所有的民房都是木建筑，有的房子是由整根原木搭的，有的房子是将原木从中间一分为二，通过掏、榫、拱等各种工艺搭起来的。建筑文化的印迹具有较强的原真性，是至今伊犁河谷保存完好的一个木结构建筑群。

建筑用材一般是就地取材，因松、杉树木质坚硬，经久耐用，使用寿命长；加之各家对自己的房屋用心保护，故村落中大量的民居保存完好，具有丰富和完整的历史文化内涵。喀拉峻琼库什台村保留着完整的哈萨克民族传统的生产、生活方式。2010年，琼库什台村被列入国家历史文化名村。

（三）雪岭云杉

雪岭云杉是第三纪古老树种，雪岭云杉历经4000万年地质历史的变迁和气候变化，分布于天山海拔1300—2800米的中山带、亚高山带阴坡或半阴坡，构成了断断续续连绵千里的山地森林带，带内森林与山地草甸、草原灌丛交错分布，具有鲜明的原生性和地带性。树木高达35—40米，胸径70—100厘米的雪岭云杉苍劲挺拔，四季常青，攀坡漫生，绿波起伏，浩瀚如海、绵延不绝，犹如一道沿山而建的绿色长城。雪岭云杉木材优良，材质细密、坚韧、纹理直，经久耐用。

第十二章

帕米尔旅游区

第一节　欢迎词

【示例 1】

各位游客朋友们：

大家好！很高兴与大家相约塔什库尔干县。我是本次的导游××，我将尽心尽力地为您提供周到的服务，您在旅途中需要帮助请随时找我，也希望大家能够配合我的工作，文明旅游。预祝大家玩得开心，游得尽兴！

“塔什库尔干”意为“石头城”，地处新疆喀什地区西南边境，与巴基斯坦、阿富汗、塔吉克斯坦三国相邻，边境线长达 796.3 千米，是我国拥有最长边境线的县城。历史上这里是东西方交通的要冲，是古丝绸之路中道、南道的交汇地，是东西方贸易的重要驿站，更是记录东西方文化交流史的人文走廊，张骞、玄奘、马可·波罗都曾驻足于此。

今天我们游览的帕米尔旅游区是全国首家“国际高原风情旅游目的地”“中国红色旅游边哨文化体验地”，国家 5A 级旅游景区。旅游区内资源丰富、风光旖旎，有举世闻名的古石头城遗址，独具特色的塔吉克风俗文化，令人神往的国家级湿地公园金草滩，历史悠久的丝路文化，奇异珍贵的高原生物。相信您一定不虚此行！

【示例 2】

各位游客朋友们：

大家好！很荣幸能陪同大家游览“高原明珠”帕米尔旅游区。首先，请允许我代表××旅行社对冰山上的各位来客表示热烈的欢迎！在这阳光明媚的夏日，我们相聚在帕米尔高原，开启一段期待已久的高原风情之旅。我是导游×××，在接下来的行程中我将和司机×师傅竭诚为大家服务，也期待您对我们工作的给予配合与支持。预祝大家旅途愉快！

新疆地域辽阔，民族众多，自古以来就是多民族聚居地，不同的民族文化在这里相互交融，熠熠生辉。号称“鹰之民族”的塔吉克族世代居住在帕米尔高原上，独特的自然气候，艰苦的生活环境，造就了这个民族坚韧不拔、勤劳勇敢的优良品质，也形成了独具特色的民风习俗。塔吉克族有着多姿多彩的文化，充满智慧的塔吉克族民歌，精美艳丽的塔吉克族服饰，内涵丰富的塔吉克族婚俗，生动形象的鹰舞，富于技巧的马球运动，团结互助的引水节和播种节，均已列入国家级非物质文化遗产。

今天来到帕米尔旅游区，让我们一起走进彩云人家，去感受独具特色的高原风情。

第二节 景区概况

一、地理位置、气候、水文、交通、人文等要素

地理位置：帕米尔旅游区位于帕米尔高原的东部，新疆喀什地区塔什库尔干塔吉克自治县境内，距离喀什市 300 多千米。这里是古代丝绸之路的南道、中道，通往西亚、南亚及欧洲的必经之地。帕米尔旅游区旅游资源丰富、风光旖旎。旅游区总体规划面积 3.1 平方千米，由游客服务中心、古石头城遗址、非物质文化遗产展示园、湿地公园金草滩、彩云人家民俗村五大区域组成，集壮美高原自然风光、深厚的历史人文和浓郁的民俗风情于一体，是闻名遐迩的旅游胜地。

气候：帕米尔旅游区位于海拔 3000 米左右的高原山区，属温寒干旱气候，四季不分明，冬长无夏，气压低，氧气稀薄，紫外线强，干旱少雨，日温差大，年平均气温仅为 30℃，以畜牧业为主。当地有一句民谣：“一二三雪封山，四五六雨淋头，七八九正好走，十冬腊月又开头”，便是帕米尔独特气候的真实写照。

水文：塔什库尔干河被称为“塔县的母亲河”，帕米尔旅游区核心区就是沿河岸而建。塔什库尔干河为叶尔羌河的主要支流之一，发源于新疆与阿富汗交界处的克克吐鲁克，流经塔县、阿克陶县境内，于阿克陶县汇入叶尔羌河，多年平均径流量为 11.9 亿立方米，河道全长 298 千米，属典型的冰雪融水河。

交通：游客可以选择航空、铁路和公路交通方式到喀什市，再前往塔县的帕米尔旅游区。喀什机场有直飞乌鲁木齐的航班，铁路交通以南疆铁路为主，还可以乘坐客运大巴或自驾，从喀什市沿着 G314 线红其拉甫方向，到达塔县。

人文：帕米尔旅游区人文旅游资源丰富，拥有历史悠久的丝路文化，古丝绸之路的南道、中道在这里交汇，而后向西通往西亚、南亚及欧洲各地，是记录东西方

文化交流史的重要人文走廊，张骞、玄奘、马可·波罗都曾驻足于此。旅游区所在的塔县是中国唯一的塔吉克自治县，全国80%的塔吉克人居住于此，独具特色的塔吉克风俗文化在这里汇集。塔吉克非物质文化遗产展示和塔吉克民俗体验让我们身临其境，感受高原风情，感受帕米尔的魅力。

二、景区建设发展历史简介

帕米尔旅游区在2015年被国家旅游局授予全国首家“国际高原风情旅游目的地”和“中国红色旅游边哨文化体验地”的称号，旅游区内有举世闻名的古石头城遗址，独具特色的塔吉克风俗文化，令人神往的国家级湿地公园金草滩，历史悠久的丝路文化，奇异珍贵的高原生物，人与自然和谐相处。2019年成功创建国家5A级旅游景区。

三、景区游览服务提示

1. 景区所在的塔县属于边境县，需要提前在户籍所在地派出所或在喀什地区全域旅游服务中心办理前往塔县的边境通行证。
2. 景区地处高海拔地区，在游览过程中不宜剧烈运动或负荷过重。
3. 景区日温差大，平均气温低，请适当增减衣物，预防感冒。
4. 景区紫外线强，要做好保暖、防晒措施。

第三节　景区区域分布导览与景点考试讲解要点

一、景区区域分布导览

（一）区域分布

游客服务中心、古石头城遗址、湿地公园金草滩、非物质文化遗产展示园、彩云人家民俗村。

（二）游览路线

游客服务中心→古石头城遗址→湿地公园金草滩→非物质文化遗产展示园→彩云人家民俗村

二、景点考试讲解要点

（一）游客服务中心

一路上看过了“一半白沙一半湖”的白沙湖，领略了“冰山之父”慕士塔格峰的雄伟壮观，我们终于来到了帕米尔旅游区。第一站游客服务中心，这是一座古朴的垛口式建筑，门前的石刻“丝路古道，高原明珠”格外醒目。现在让我们沿着丝路古道，去探寻那段耐人寻味的历史，领略高原明珠的魅力。

走进游客服务中心，您看到的这张电子沙盘图全面、立体地展现了塔什库尔干县区域地形和景点分布，众多景点散布于高山深壑之中，犹如散落的璀璨宝石，其中核心景区沿塔什库尔干河河岸而建。“帕米尔”是塔吉克语“世界屋脊”的意思，帕米尔旅游区有举世闻名的石头城遗址，独具特色的塔吉克民俗风情，令人神往的国家级湿地公园金草滩，历史悠久的丝路文化，珍贵奇异的高原生物。旅游区总体规划面积 3.1 平方千米，由游客服务中心、古石头城遗址、非物质文化遗产展示园、湿地公园金草滩、彩云人家民俗村五大区域组成，集壮美高原自然风光、深厚的历史人文和浓郁的民俗风情于一体，是全国首家体验高原风情的旅游目的地。

请各位随我乘坐区间车，一同开启今天的帕米尔之旅。透过车窗，大家是否已经感受到帕米尔独特的魅力呢？

（二）石头城遗址

经过旅游大道，现在我们乘车来到了石头城遗址，让我们进入石头城博物馆，了解这座千年之城的前世今生。

“塔什库尔干”意为“石头城”，塔什库尔干县城因石头城遗址而得名。石头城虽深藏于群山之中，却是历史上东西方交通的要冲，是唐玄奘东传佛法的必经之路，是古丝绸之路中道、南道的交汇地，是东西方贸易的重要驿站，更是记录东西方文化交流史的人文走廊。

关于石头城遗址的记载最早见于《梁书》，书中写道：“盘陀国，所治在山谷中，城周回四十余里，国有十二城，风俗与于阗相类，出好毡、金、玉。”1980 年，自治区社科院考古研究所专家对石头城遗址进行调查，发掘出了陶片、铜钱、梵语文字手抄本和一些文物，经专业检测确定时间为距今 1300 多年以前。据史料记载，石头城遗址已有 2000 多年的历史，汉朝这里是西域三十六国——蒲犁国的王城，后为西域五大强盛之国之一的朅盘陀国；唐朝统一西域后，这里设有葱岭守捉所；元朝初期，大兴土木扩建城郭，旧的石头城换了新颜；光绪二十八年，清朝在此建立蒲犁厅，对旧城堡进行了维护和增补，这便是我们现在看到的石头城遗址。由于特殊的地理位置，古石头城一直是帕米尔地区政治、经济、文化和交通枢纽。如今的塔什库尔干石头城与南京石头城、辽宁石头城并称“中国三大石头城”，2001 年 6 月 25 日被国务院列为第五批全国重点文物保护单位。

石头城遗址位于塔县县城东北角，是用石头垒建的城堡，修建在塔什库尔干河左岸高约 20 米的孤丘上，地势极为险峻，易守难攻，总面积 10 万多平方米。石头城遗址大体上分为内城和外城两部分，我们现在所在的位置是外城，外城方圆 3600 米的范围，大都为居民住地，已经严重受损，只有一些露出地面的城墙、炮台和居民住宅的遗址轮廓。顺着木栈道往前走，我们来到了观景平台，这是整个石头城的最高点，也是内城的中心。内城保存较完整，古代城堡的威严依稀尚存，主要由王宫、官府、军政官员宅第和佛庙组成。内城从台地砌起，下大上小，形成壮观的城楼，城墙用泥和石块砌成，目前大部分城墙、城垛、女墙、角楼和东北角大门尚保存完好，在墙壁上还依稀可见佛龛、壁橱及烟囱槽道。城堡内有东、西、中三条木

人间圣境帕米尔

栈道，中央有一宽大的平台名为博望台，据专家考证，这个平台就是当年朅盘陀国国王处理朝政的地方。平台的东面是喀喇昆仑山脉，西面是兴都库什山山脉，北面可以远望慕士塔格峰，南面则是帕米尔高原，这里依山傍水，坐北朝南，在此处处理政务的国王，还真有种君临天下，威风八面的气势。城堡内还有玄奘讲经处，相传公元644年，玄奘东传佛法时在朅盘陀国停留并讲经22天。

虽然今天的石头城已是残垣断壁，面目全非，但我们依然能从高大的古城墙领略它昔日的雄风，更叹服于塔吉克族古代先民的勤劳智慧和勇敢强大，在这样艰苦的环境中修建了如此宏伟壮观的城堡。

（三）湿地公园金草滩

从石头城城堡下来，映入眼帘的就是阿拉尔国家湿地公园。因为一到秋天，湿地的植被变成了黄色，在阳光的映照下，似披上了一道金光，故而得名“金草滩”。阿拉尔湿地属于沼泽化草甸，海拔3100米，总面积约10万亩（1亩≈666.67平方米）。公园内水草丰美，牛羊遍地，和远处的雪山蓝天白云交融在一起，形成了一幅绝美

的山水画，简直是高原圣境。在这干旱少雨的高原地区，湿地的水源从何而来呢？在湿地的中间，有一条蜿蜒流淌的河流，即塔县的母亲河——塔什库尔干河，不断滋养着这片肥沃的土地，也养育着沿岸各族人民。

为了保护湿地，所有建筑都与湿地景观环境相融合，采用环保松木做成的木栈道有机连接各景点。整个木栈道造型像一只展翅翱翔的雄鹰，公园还因地制宜地设计了鹰头观景台、鹰爪观景台、涌泉观景台、鹰舞观景台等，让大家从不同的角度领略金草滩的美景。在这里人与自然和谐共生，澄澈的河流缓缓流淌，雪山蓝天白云倒映水中，幽静的草滩变幻着色彩，水车吱吱呀呀地转着，让人沉浸其中，忘却了时间。

（四）非物质文化遗产展示园

来到塔县，参观了英雄拉齐尼·巴依卡纪念馆，听到了英雄舍身救人的感人故事，更让人震撼的是一家祖孙三代为国戍边 70 年，默默坚守，无私奉献的爱国精神。难怪有人说：塔吉克族牧民是一支不在编制，但永不撤离、义务为共和国守边的部队，他们始终坚守在国防的第一线，像帕米尔高原的雄鹰，保卫着祖国西部边境的稳定与安宁。相信大家已经对勤劳、勇敢、淳朴的塔吉克族留下了深刻印象。

现在我们来到了塔吉克族非物质文化遗产展示园，请大家跟随我一起了解这个英雄民族的历史与文化。塔吉克族属欧罗巴人种，民族语言是塔吉克语，属印欧语系伊朗语族。由于世代居住于高原地区，形成了多姿多彩的民风习俗，国家级非物质文化遗产有 16 项，包括塔吉克族民歌、塔吉克族服饰、塔吉克族婚俗、鹰舞、马球、引水节和播种节。

塔吉克族服饰：塔吉克族的服饰具有明显的民族特色，颜色鲜艳，色彩丰富，与他们生活的环境形成了鲜明的对比，也体现了他们对美好生活的追求。塔吉克族服饰做工讲究，装饰精美，注重实用。冬季男子都戴用黑羔皮做的“吐玛克”（圆皮帽），下面则用红或蓝的平绒和绸料滚边，帽面用各种丝线绣出图案，保暖实用。不同年龄的男子帽子上的绸料颜色和绣的花纹均有不同。身上穿棉或皮袷袢，脚穿彩色长筒毛线袜，穿“却罗克”（一种用黄羊皮、牛皮或驼皮自制的尖头软底皮靴），这种靴多为紫红色，轻便耐用。夏季，男子头戴白布刺绣而成的花帽，称为“夏依达叶”，身穿套头衬衣，扎绣花腰带，夹袷袢，长裤。塔吉克女子都戴“库勒塔”帽，这种帽子分冬夏两种，夏季的“库勒塔”帽为圆顶硬壳帽，帽子顶和四周都绣有花纹或图案；冬季的帽子则有后围，天冷时可以放下来保暖。帽子的花纹大都以黑色为底，绣红、黄、绿和蓝色的花纹图案，在新疆只有塔吉克族女性戴这种帽子。女子的服饰重视胸前、领、袖口的装饰，常用串珠、银元扣、宝石等装饰，光彩照人。

塔吉克族民歌：塔吉克族的民歌历史悠久，内容十分广泛。流传至今的民歌有反映古老的社会生活、民情风俗、歌颂爱情和宗教仪式的民歌，其种类主要包括有：习俗歌、爱情歌、叙述长诗歌、挽歌和幽默歌等，这些民歌生动地表现了塔吉克族人的生活智慧，对英雄的崇敬和对美好生活的向往。大家熟悉的《花儿为什么这样红》悠扬动听的曲调就来源于塔吉克族民歌《古丽碧塔》。

塔吉克族婚俗：塔吉克族婚俗是塔吉克族人生重要的礼俗。在程序上有择亲、提亲、定亲、击鼓祝福、迎亲、结婚仪式、婚后三日揭面纱等，每个程序都有文化内涵。塔吉克族小伙向姑娘表达爱意比较直接，如小伙将叼羊比赛胜利品放在姑娘面前，或是展示自己高超的舞技，姑娘则委婉地用绣花手帕或装上烧了一半的火柴的荷包来回应。

马球：是骑在马上，手持马球棍，用马球棍将马球打进球门的一种马背上的游戏和竞技。每队系统一颜色的腰巾以此来区别。在比赛或表演中，要有鹰笛和手鼓助兴。

引水节和播种节：由于当地人少、居住分散，气候恶劣，因此要集体生产劳动，这两个节日就应运而生了。每年春分后的一周内就是塔吉克族的引水节和播种节。在过引水节时，群众们破冰引水，把水引出后共同庆祝。过节时无论贫富，每户都要带一个馕到工地，大家分着吃，不分你我，同甘共苦。在过播种节时，通过过节的形式，向缺少种子的农户分发种子，使他们也能和大家一起播种，享受播种和收获的快乐，同时解决了他们的生活困难。这两个节日都体现了塔吉克族团结互助的精神。

参观完塔吉克族非物质文化遗产展示园，是不是感觉大开眼界，意犹未尽呢？那就随我乘坐区间车，去民俗村亲身体验塔吉克族特色的民俗文化吧！

（五）彩云人家民俗村

自古以来就居住在帕米尔高原，能歌善舞，热情好客的塔吉克族被称为“彩云上的人家”。现在我们来到了彩云人家民俗村，开始塔吉克族民俗文化的体验之旅。

帕米尔高原上的塔吉克族主要从事畜牧业，兼营农业，过着半定居半游牧的生活。民俗村就是以此为原型，依托传统文化，打造成的原生态民俗村落。这里有彩云人家特色民宿，民族风味餐饮，塔吉克族家访体验和民俗文化表演。

塔吉克民俗最有特色的就是“塔吉克八大怪”。第一怪：见面行礼吻不断。塔吉克族人见面打招呼，同辈男子见面先握手，然后互吻对方手背三次。同辈的女子互吻两颊，如果关系好则亲吻对方的嘴唇。女子见到长辈要吻长辈的手心，

帕米尔景区湿地　　周卫 摄

女性长辈要亲吻晚辈的额头或眼睛，男性长辈用手轻按一下晚辈的头。第二怪：荷包里面谈恋爱。第三怪：红色衣裳一年穿。塔吉克族认为红色代表幸福，婚后红色的婚服要穿一年，首饰也要佩戴一年，以示对美好婚姻生活的期待。第四怪：画起眉毛用石头。这是塔吉克女性常用的化妆品——画眉石，一种天然石料，可用来画眉。第五怪：五根柱子做房子。塔县农村的塔吉克族仍然住一种正方形平顶屋，房屋四周没有窗户，没有隔间，一家三代或四代住在一起。用矮墙和五根柱子对房间功能区域进行划分。第六怪：巧克力中无可可。塔吉克族的美食“哈克斯”，由于热量比较高，堪比糖果，被称为“没有可可的巧克力”。这种食物便于携带，不易变质，可以及时补充能量，适合塔吉克族游牧生活所需。第七怪：肖贡巴哈尔是个啥。肖贡巴哈尔节是塔吉克族的传统节日，有“新年”“迎春”之意，类似汉族的春节。每年春分前夕，家家户户打扫卫生，准备节日美食，亲朋好友相互拜年。第八怪：跳起舞来像雄鹰。塔吉克族自称“高山之鹰”，鹰象征着纯洁、勇敢、忠贞。因此，塔吉克族民间舞蹈又称为鹰舞。塔吉克族的鹰舞姿势健美，风格纯朴，节奏感强，伴随鹰笛和手鼓身体时而旋转，时而双臂平展，时而下蹲，似鹰在高空飞翔、盘旋、俯冲，给人以鼓舞和力量。

看！丰收广场上身着民族服饰的塔吉克族姑娘小伙们，伴着鹰笛和手鼓已翩翩起舞，让我们一起跳起来，感受展翅翱翔于帕米尔的畅快吧！

第四节 欢送词

【示例1】

各位游客朋友们：

大家好！今天的帕米尔之行即将结束，很高兴能与大家一路同行。在帕米尔旅游区我们领略了举世闻名的石头城悠久的历史，昔日的辉煌，感受了风光怡人的金草滩蓝天白云，牛羊成群的悠闲惬意，欣赏了塔吉克族非物质文化的独特魅力，体验了塔吉克族鹰舞的酣畅淋漓，相信您已经陶醉在帕米尔的迷人魅力中。帕米尔是一片古老而神奇的土地，冰川雪岭与瀚海戈壁在这里共生，人与自然在这里和谐共处，她犹如一位含羞的塔吉克族姑娘，神秘而迷人，她的美有待你耐心寻觅，细细品味。

感谢一路上大家对我工作的支持与理解，希望此次帕米尔之行能给大家留下美好的回忆，我们诚挚地邀请大家再次光临帕米尔，期待与您一起欣赏塔什库尔干的杏花、骑着牦牛翻越达坂、伴着鹰笛和手鼓动感的旋律，跳起畅快的鹰舞！

各位辛苦了，有缘再会！

【示例2】

各位游客朋友们：

大家好！今天的帕米尔高原风情之旅就要结束了，从你们兴奋的眼神中可以看出大家意犹未尽。回想我们一起走过的每一个景点，都见证着大家对帕米尔的热爱。我们观看了激动人心的牦牛叼羊、赛马表演，感受了塔吉克族独特的婚俗。在《花儿为什么这样红》的歌声中，倾听英雄拉齐尼的故事，感受来自边疆人民对祖国的挚爱和卫国护边的忠诚。走进塔吉克族人家，体验高原地区的生活，塔吉克族人的勤劳、善良、淳朴与乐观，让我们为之深深感动。

在这里，非常感谢大家对我工作的配合。还记得特殊的吻手礼吗？还记得荷包传情吗？更多有趣的秘密，期待您下次的探秘之旅，欢迎您再次光临！最后祝愿大家在未来的日子里，身体健康，万事胜意，我在帕米尔等您，谢谢大家！

第五节 景区知识考试问答

【1】帕米尔旅游区游客服务中心门前石刻是哪八个字？

答案：丝路古道，高原明珠。

【2】帕米尔旅游区有哪些荣誉称号？

答案：在2015年被国家旅游局授予全国首家“国际高原风情旅游目的地”和“中国红色旅游边哨文化体验地”的称号。

【3】“塔什库尔干”是什么意思？

答案：“塔什库尔干”意为“石头城”。

【4】关于石头城遗址的记载最早见于哪本古籍？

答案：关于石头城遗址的记载最早见于《梁书》。

【5】石头城遗址在汉朝曾是哪个国家？

答案：塔什库尔干石头城在汉朝是西域三十六国蒲犁国，后为西域五大强盛之国之一的朅盘陀国。

【6】中国三大石头城是哪三座？

答案：塔什库尔干石头城与南京石头城和辽宁石头城并称中国三大石头城。

【7】阿拉尔国家湿地公园为什么又名“金草滩”？

答案：因为一到秋天，湿地的植被变成了黄色，在阳光的映照下似披上了一道金光，故而得名“金草滩”。

【8】塔吉克国家级非物质文化遗产包括哪几项？

答案：塔吉克族国家级非物质文化遗产有六项，包括塔吉克族民歌、塔吉克族服饰、塔吉克族婚俗、鹰舞、马球、引水节和播种节。

【9】广为传唱的歌曲《花儿为什么这样红》，其曲调来源于哪首塔吉克族民歌？

答案：塔吉克族民歌《古丽碧塔》。

【10】塔吉克族的引水节和播种节体现了什么精神？

答案：这两个传统节日都体现了塔吉克族团结互助的精神。

【11】塔吉克族人见面打招呼行什么礼节？

答案：塔吉克族人见面打招呼行吻手礼。

【12】塔吉克族属于什么人种？

答案：塔吉克族属于欧罗巴人种。

【13】被称为“没有可可的巧克力”是塔吉克族什么美食？

答案：塔吉克族的美食“哈克斯”，由于其热量高，堪比糖果，因而得名。

【14】塔吉克族女子的帽子叫什么？

答案：塔吉克族女子都戴“库勒塔”帽。

【15】肖贡巴哈尔节有什么特殊意义？

答案：肖贡巴哈尔节有“新年”“迎春”之意。

第六节　教学互动练习和拓展知识窗

一、互动练习

（一）塔吉克族见面礼介绍

见面行礼吻不断。塔吉克族人见面打招呼，同辈男子见面先握手，然后互吻对方手背三次。同辈的女子互吻两颊，如果关系好则亲吻对方的嘴唇。女子见到长辈要吻长辈的手心，女性长辈要亲吻晚辈的额头或眼睛，男性长辈用手轻按一下晚辈的头。

（二）游客出现高原反应如何应对？

首先要冷静地处理，第一时间让高反游客平躺在车上，注意头高脚低，保持病人呼吸畅通，必要时吸氧（备用应急氧气）。

然后做及时地判断，观察游客的眼神和精神状态，询问了解症状，结合游客既往病史，判断是正常的高原反应还是高原反应引起的并发症。

如果是正常的高原反应通过适当休息和吸氧就能逐步适应，无需特殊治疗。如果出现比较严重的高原反应症状，应及时吸氧，并服用游客自备药品（如氨茶碱）。

如果出现严重的胸闷、剧烈咳嗽、呼吸困难、咳粉红色泡沫痰或反应迟钝、神志淡漠，甚至昏迷，除做上述处理外，应尽快到附近医院进行抢救。

二、拓展知识

（一）英雄拉齐尼·巴依卡

永不折翅的“帕米尔雄鹰”——拉齐尼·巴依卡，他生前是新疆塔什库尔干塔吉克自治县塔吉克族护边员，诚信和责任一直激励着拉齐尼默默无闻巡逻在祖国的千里边防线上。然而，在2021年1月4日拉齐尼·巴依卡在喀什大学参加培训学习期间，为解救落入冰窟的儿童，不幸英勇牺牲，年仅41岁。2021年3月3日，中共中央宣传部追授拉齐尼·巴依卡“时代楷模”称号，11月5日，他获得“全国见义勇为模范”称号。拉齐尼·巴依卡出生在一个普通的塔吉克族家庭，但这个家庭又不普通，拉齐尼·巴依卡祖孙三代为国戍边整整70年，爸爸常对拉齐尼说：塔吉克民族一个牧民就是一个哨兵，一座毡房就是一座哨所，只有祖国安宁，才有各族人民的幸福生活。这样默默坚守，无私奉献的爱国精神代代相传，才成就了永不折翅的“帕米尔雄鹰”。

巴依卡一家三代人忠诚守边护边的事迹带动和激励着一大批塔吉克族牧民自觉地投入到守边护边的队伍中。如今，塔什库尔干县已经形成了“家家是哨所、人人是哨兵”的钢铁长城。

（二）动植物资源

塔什库尔干县森林面积1600多公顷，由山地天然林、河谷天然林和人工林组成。数量多、分布广的树种主要有银毛柳、密穗柳、沙棘、圆柏、桦树等，东部山区有较多的落叶松、梧桐等树木。全县有可利用草场40余公顷。珍稀野生动物有帕米尔盘羊、棕熊、旱獭、雪豹等。野生药材有雪莲、锁阳、党参、当归、麻黄、紫草等。

（三）塔吉克族刺绣

塔吉克族是一个爱美的民族，他们喜欢用刺绣来进行装饰，不但有服装上的装饰刺绣，而且把一些很不起眼的配饰也刺绣得美轮美奂。塔吉克族日常生活中使用的其他用品，如被面、枕头、花毡、鞍垫等上也常常有精美而艳丽的刺绣设计。

塔吉克族刺绣品种繁多，绣技精美。绣品主要是在花帽、袷袢、连衣裙、坎肩、衬衣长裤、腰巾围裙、头巾、荷包、手帕等数十种服装配饰上；服饰刺绣图案多为太阳、花卉、枝叶、蔓藤、果实等，也有几何图案和抽象的动物图案；用色丰富，配色鲜明，以红色、蓝色、黑色、白色为主，配以黄、绿、紫等鲜明艳丽颜色，注重刺绣与服装之间的色彩对比；刺绣技法风格丰富多样，有平针绣、辫针绣、结绣、十字绣、串珠片绣、综合绣等多种绣法。

塔吉克族服饰刺绣艺术，以独特的艺术形式，展现塔吉克族妇女精湛的技艺和塔吉克族服饰的无穷魅力。塔吉克族服饰刺绣艺术，依附于本土文化，也记载着塔吉克族的历史、信念、理想和审美情趣，表现出一个民族浓厚的文化内涵和精神面貌。

第十三章

世界魔鬼城景区

第一节　欢迎词

【示例1】

各位游客朋友们：

大家好！在这秋高气爽的九月，伴着清风习习，我们相聚于此。我是你们本次行程的导游×××，俗话说“相逢便是缘”，既然有缘，就要真诚相待。我会用真挚与热忱给您提供周到的服务，也希望您能够配合我的工作，预祝大家旅途愉快。

今天我们来到世界魔鬼城景区，这里古老沧桑，蕴涵丰富，神秘莫测，被誉为“中国最瑰丽的岩石雅丹”。它虽没有桂林山水之秀、巍峨昆仑之险，但它的雄浑，它的纯朴，它的原始和大气却无与伦比。魔鬼城的奇特在于它的变幻，随着熹微的晨光，伴着晚霞的脚步，一座座山丘，一个个城堡，不断地变化着自己的身姿容颜，让我们不禁感叹大自然的鬼斧神工。魔鬼城的魅力在于它的包容，拥抱着天下之奇，孕含着远古之谜。现在正是魔鬼城的摄影高峰期，日出和日落时分是最佳拍摄时间，在晨光和晚霞映衬下的魔鬼城独具魅力，透出一种令人震撼的雄浑气氛，这样变幻多姿的景致正等着大家用镜头去捕捉，让我们一起用镜头记录世界魔鬼城的神奇瑰丽吧！

【示例2】

各位游客朋友们：

大家好！欢迎大家来到克拉玛依，我是你们的导游×××。很高兴陪同大家一起前往世界魔鬼城景区，我会尽心尽力地为您提供服务，也希望得到您的配合支持，文明旅游，预祝大家乘兴而来，满意而归。

今天我要带大家体验夜游魔鬼城。夜游魔鬼城项目是将世界魔鬼城特色文化、雅丹夜景、互动体验和声光科技融为一体的沉浸式“活景观”体验项目，让大家身临其境地体验紧张刺激的探秘之旅。在这个连探险家也不敢轻易踏入的戈壁盆地，我们可以近距离地感受魔鬼城的夜晚魅力。我们可以体验穿梭“幻彩迷宫”，感受交错复杂的时代变迁；追随“冒险之光”，探索这片亿万年被岁月洗礼的奇迹之谷；在夜空下寻找“金丝玉秘宝”，体验寻宝的乐趣；“追光白垩纪”让我们一起寻找恐龙的踪影；在“魔鬼城谜影”中，跟随探险家们对抗外星魔鬼，一睹魔鬼城的前世今生。17000多平方米的夜游地，等着我们去探秘，去发现，还在等什么？请跟上我的脚步，一起揭开魔鬼城神秘的面纱吧。

第二节　景区概况

一、地理位置、气候、交通、人文等要素

地理位置：世界魔鬼城景区位于新疆准噶尔盆地西北边缘的佳木河下游乌尔禾区境内，西南距克拉玛依市106千米，呈西北—东南走向，景区总面积260平方千米，景区集戈壁雅丹、沙漠峡谷、石滩湖杨、天然沥青、日出彩霞、海市蜃楼等自然景观于一体，与雅丹文化、恐龙文化、影视文化、玉石文化等主题文化交相辉映。其中，雅丹地貌核心区面积22平方千米，是我国雅丹地貌中规模最具有代表性、最具有开发价值的旅游资源，具有世界级的古地质生物化石点，全国唯一的天然沥青矿脉。

气候：景区地处戈壁，日照强烈，气候干燥，常年伴有大风，最大风力可达10—12级，日常风力也可达5—6级。

交通：游客可以选择航空、铁路和客运交通方式到克拉玛依，克拉玛依机场有至乌鲁木齐、库尔勒的疆内航线，铁路交通以“北疆之星”城际列车为主，到达克拉玛依之后可乘坐班车到乌尔禾，也可以选择客运大巴或自驾直接到乌尔禾。

人文：乌尔禾源自蒙古语，意为“套子”，就是猎人捕捉猎物所下的圈套。乌尔禾地区蒙古族文化浓郁，当地蒙古族的由来可追溯到17世纪土尔扈特部从伏尔加河流域东归的历史。这里的蒙古族居民热情豪爽、能歌善舞、酒量惊人。每年的传统节日那达慕大会轮番上演摔跤、赛马、射箭等民族传统项目，场面热闹非凡。民族三大史诗蒙古族的《江格尔传》中就曾描述过这里和布克赛尔草原，这里曾是江格尔的故乡。

二、景区建设发展历史简介

世界魔鬼城的前身为乌尔禾魔鬼城，景区总面积约120平方千米，景区里有形态各异的风蚀岩群，2005年世界魔鬼城被评选为“中国最美的雅丹”，2006年被评选为“中国最值得外国人去的50个地方”之一，2008年被评定为国家4A级旅游景

区，2020 年 12 月 30 日被列为国家 5A 级旅游景区。

三、景区游览服务提示

1. 景区区间车是观光小火车，分旅游淡旺季班次时间，淡季 30 分钟一趟或人满发车，旺季实行循环发车，约 5 分钟一趟，行程约 13 千米。

2. 景区常年风沙，气候干燥，日照强烈，需提前做好防沙、防晒和补水准备，建议备好墨镜、帽子等防晒装备，备足饮用水。

3. 景区采油及矿区未对游客开放，未经批准不得自驾前往。

第三节　景区区域分布导览与景点考试讲解要点

一、景区区域分布导览

（一）区域分布

游客服务中心、采油开掘区、象形景观区、影视拍摄地、恐龙谷。

（二）游览路线

魔鬼之眼→魔鬼城博物馆→魔鬼城油田→象形景观区→影视拍摄地→恐龙谷

魔鬼城景区大门　　周卫 摄

二、景点考试讲解要点

（一）魔鬼之眼

魔鬼城蒙古族称它为“苏鲁木哈克”，哈萨克族称它为“沙依坦克尔西”，意思是魔鬼出没的地方。魔鬼城真的有魔鬼吗？这令人不寒而栗的名字从何而来呢？今天我们就一起到世界魔鬼城一探究竟。

首先映入眼帘的就是景区大门，高达37米，宽42米，悬挂在30米高空处的是重达86吨的魔鬼之眼，那一只深邃幽蓝的眼睛在高空中，默默地注视着每一位来到魔鬼城的游人，给景区增添了几分神秘色彩。景区大门两侧是仿雅丹地貌门柱，雄浑大气，仿佛在诉说着这里蕴含的远古之谜。

世界魔鬼城有着“中国最瑰丽的岩石雅丹”的美誉，它的历史可以追溯到距今一亿三千万年前的中生代白垩纪，别看现在这里气候干燥，常年风沙，几乎寸草不生，但在当时这里是一片巨大的淡水湖泊，气候温暖湿润，降水充沛，植被茂盛，是野生动植物的“天堂”。后来由于地壳运动，加之风雨侵蚀，裸露的岩石就被雕琢成今天这样千姿百态的奇特自然景观。

可能大家会产生疑问，雅丹地貌景观在很多国家和地区都有分布，为什么这里可以称为“世界魔鬼城”？原因大致有三个：第一，这里是世界上唯一一个地上有雅丹，地下有石油的景区；第二，这里是世界级古地质生物化石点，在这里首次发现了翼龙化石；第三，这里是世界上可开采的纯天然沥青矿脉之一，全世界共两处，一处在美国，另一处就在这里。请大家跟上我的脚步，一起开启世界魔鬼城的神奇之旅吧！

（二）魔鬼城博物馆

世界魔鬼城游客服务中心由公共服务区和魔鬼城博物馆组成，公共服务区包括售票处、休息区、购物区和卫生间，大家可以在公共服务区稍事休息。

世界魔鬼城之旅从走进博物馆开始，让我们一起来了解神秘魔鬼城的前世今生。早在旧石器时代魔鬼城就有人类活动了，这里出土的石叶、石片、石核等石器经鉴定均出自距今八千到一万年前的旧石器时代中晚期。

世界魔鬼城不仅有神秘的传说，还有令人感叹的六大文化，即：雅丹文化、恐龙文化、石油文化、玉石文化、影视文化和民俗文化。

雅丹，是荒漠干旱地区风蚀地貌的统称，一般是河湖相土状沉积物，经过流水冲刷和风蚀作用，形成风蚀土墩和风蚀凹地地貌组合。“雅丹”一词源于维吾尔语，19世纪瑞典探险家斯文·赫定在新疆罗布泊考察时，见到许多成群分布的覆舟状土丘，就问当地的维吾尔族向导“那片地方叫什么名字?”向导误以为是问地形，回答到：“Yardang”，意思是“陡峭的山崖”，斯文赫定将“Yardang”写入了他的科考著作，这个称呼也因此流传并得到地质学界的认可，再次音译回中文就成了“雅丹”。世界魔鬼城雅丹的地质形成堪称全国最早，它源于距今约一亿三千万年前的白垩纪时期，之后经过印支和燕山两次大的地壳运动，湖底岩层抬升，湖水干涸，湖泊变成了以砂岩、泥板岩为主的陆地瀚海，地质学上称之为“戈壁台地”。戈壁台地在风雕雨琢中演变成了千姿百态、雄伟壮观的奇特景观，可谓“地质演变的天然教科书”。世界魔鬼城有着“中国最瑰丽的岩石雅丹”的美誉，这里特产一种雅丹地貌珍稀的奇石，叫“雅丹石”，雅丹石是砂岩结核石，其成因可追溯到距今两亿年前的寒武纪，是在地壳中的沉积物经过漫长的自然作用，逐渐渗透到砂石和黏土中，并聚集而生长成的矿物团块，由于地壳运动才暴露于地表，在奇石领域拥有极高的市场价值，由于表面带有花生状纹理，所以又被称为“花生石”。

下面来说说世界魔鬼城的“三宝”，第一宝当属恐龙了，世界魔鬼城是研究恐龙文化的世界级古生物化石点。1964 年以来，世界魔鬼城先后发现了翼龙类、蜥臀类、鸟臀类恐龙以及恐龙蛋等化石 40 多处。在这里发现的魏氏准噶尔翼龙化石是中国发现的第一种翼龙化石，填补了世界早白垩纪翼龙演化发展的历史空白。第二宝就是石油了，世界魔鬼城脚下富含石油资源，这里是中国最大的整装超稠油油田，所产超稠油品质堪称世界之最。因为世界魔鬼城四季多风，别名风城，所以这里的油田被命名为风城油田。第三宝被誉为“仙女之泪”——金丝玉，产于魔鬼城的戈壁滩上，以黄、红、白色为主，因玉石内呈现出独特的金色萝卜纹而得名。金丝玉主要成分是石英岩，玉体呈微透明、半透明，由于其性质稳定，色彩鲜艳，质地细

远眺魔鬼城

密而受到喜爱，其中以宝石光为极品。

世界魔鬼城因其独特的地形地貌，一直深受电影、电视剧组的青睐，被称作中国八大影视外景拍摄基地之一，有 30 余部脍炙人口的电影、电视作品在这里取景。

世界魔鬼城所在的乌尔禾，名字源自蒙古语，意思是“套子”，就是猎人们捕捉猎物所下的圈套。这里的蒙古族可以追溯到著名的土尔扈特部落东归那段壮美的历史。土尔扈特部是明代瓦剌之后，17 世纪迁徙到俄罗斯伏尔加河流域游牧，1771 年 1 月初，土尔扈特部开始踏上了举世闻名的回归祖国的万里征程，1771 年 8 月底，回到祖国怀抱，回国后他们受到了清政府的热烈欢迎，乾隆皇帝亲自为他们安排了居住地，乌尔禾就是土尔扈特部后裔的居住地之一。这里的蒙古族居民仍然保留着能歌善舞、豪爽的个性，蒙古族文化非常浓郁。

（三）魔鬼城油田

石油，被看作是现代工业的血液，是现代国家的重要经济命脉。但在新中国成立之初，由于生产条件限制，导致我国在很长时间内始终是一个贫油国家。早在 20 世纪 50 年代，一位名叫赛里木巴依的维吾尔族老人，骑着毛驴游走在戈壁滩上，无意间发现了一座黑油山，几个月后，一支由 36 名石油工人组成的队伍开始了对新中国第一个大油田的正式开采，这个油田就是克拉玛依油田，因此克拉玛依油田也被誉为“新中国石油的长子”。克拉玛依在维吾尔语里就是“黑油”的意思，它是世界上唯一一座以石油命名的城市。现在我们看到的魔鬼城油田又名风城油田，就是克拉玛依油田的重要构成部分。

大家往远处看，看到抽油机了吗？抽油机是开采石油的一种机器设备，通过抬头和低头的方式将地底的石油抽到地表，俗称“磕头机”，是不是很形象？抽油机

可分为游梁式抽油机和无游梁式抽油机，目前游梁式抽油机是全世界石油生产中使用最多的采油机，主要由驴头、游梁、连杆、曲柄和动力设备构成。细心的朋友们会发现，有的磕头机是孤单一个，有的站成一排。磕头机站成一排的是从式井一种密集井开采，这种开采是在同一个井场上，先后钻出好几口油井，同时向不同方向开采的工艺，这样能够大幅减少井场占地面积，很好地保护地表资源，节约输油管道铺设距离，更利于进行集中管理，更加安全。

魔鬼城不仅石油出名，天然沥青也是国内独一无二。沥青脉共 7 组 17 条，专家测算总

储量约为 34 万吨，沥青质地纯净，硬度高，色黑光亮，耐水、耐酸、耐碱，绝缘性能良好，是国内优质沥青烘漆、电器绝缘和精密仪器刻度沥青独一无二的优良材料。我们下车与远处的“磕头机”合影留念，大家也可以去体验沙滩越野车，或乘坐热气球进行空中游览，领略空中魔鬼城的盛况。

（四）象形景观区

来到魔鬼城，我们感叹于自然的神奇伟力，更惊叹于景观的雄伟瑰丽。在景区内游览，一路上有很多形象逼真、形态各异的象形景观，请开启你丰富的想象，用你善于发现的眼睛，一起来寻找。

孔雀迎宾：一进门在郁郁葱葱的红柳前，一只美丽的孔雀正舒展着长长的尾羽，翘首以待，等待着远道而来的客人。

雄鹰展翅：整个轮廓犹如振翅欲飞的雄鹰，它似乎已经发现了猎物，随时做好了出击准备。

海狮望月：这里有两只海狮遥首对望，每当夜幕降临，月亮刚好从两只海狮中间缓缓滑过，那景致真是让人拍手叫绝。

天马长啸：马是蒙古族的至爱，因为马是他们生活中重要的组成部分。看，这匹天马前肢腾空，望天嘶鸣，栩栩如生。

潘多拉魔盒：看上去就像一个带手柄的大盒子，在上面还有一个小缺口，寓意上帝还未打开潘多拉魔盒之前，关在盒中的魔鬼曾经从这里出来，魔鬼经过之处生机无存，一片荒凉。

天下粮仓：如此巨大的粮仓，里面一定屯积了大批粮食。

航母舰艇：一艘巨大无比的舰艇缓缓驶来，像不像我们的辽宁号航空母舰，在保卫南海。魔鬼夫妻：从这个角度看去就是一个女人，还能看到清晰的眉毛。从另一面看上去就像

一个男人，鼻子、眼睛、嘴巴都是那么惟妙惟肖。小两口共同守望着这片孤寂的城堡。

桂林山水：每当夕阳西下时，晚霞洒在这片石峰间，丹山赤水、群峰壮阔，这风景是另一番韵味的“桂林山水”。

（五）影视拍摄地

虽然大家是第一次来魔鬼城，但是在很多影视大片中都应该一睹了魔鬼城的风采。你们知道有哪些影片在这里拍摄吗？

魔鬼城原始、粗犷、雄浑、独特的地形地貌，得到了许多导演的青睐和厚爱，被称作中国八大影视外景拍摄基地之一。《卧虎藏龙》《英雄》《淘金王》《苏武牧羊》《天地英雄》《七剑下天山》《西圣地》《戈壁母亲》《无人区》《莽荒纪》等30余部脍炙人口的电影、电视作品都在这里取景，景区内还保留着多处影视外景拍摄场景和设施，成为世界魔鬼城一道文化大餐和亮丽风景。其中保留比较完整的是《卧虎藏龙》和《七剑下天山》拍摄地。

2000年由李安执导的电影《卧虎藏龙》，荣获四项奥斯卡大奖，电影中色彩艳丽，对比鲜明，质感的画面和精彩的打戏都给我们留下了深刻的印象，影片中张震饰演的土匪罗小虎，从栈道里冲出来，抢了玉娇龙的梳子，从而引发出之后的爱恨纠葛，这一段选取雅丹地貌丰红艳黄的色彩，来烘托玉娇龙对这段甜蜜往事的记忆犹新。在《卧虎藏龙》这部电影里，以雅丹地貌为背景的电影桥段时长约12分钟，感兴趣的朋友可以在回去之后重温一下这部影片。

这里就是电视剧《七剑下天山》的拍摄地，2005年由徐克监制，霍耀良导演带领赵文卓、蔡少芬、李小冉、王丽坤等众明星来到世界魔鬼城，顶着烈日风沙进行了近两个月的拍摄工作。在右前方是景区制作的七剑士下天山原景雕塑，这里有八匹马，其中一匹可以登上去骑乘拍照，与“七剑士”一起感受当年的豪情壮志。

（六）恐龙谷

在1964年，新疆石油管理局考察队深入魔鬼城进行地质勘探，研究员魏景明在经过一条雨水冲沟时，突然发现砂土里掩埋着一块形状奇怪的白色石头，他和同事一起进行挖掘，最终挖出头骨和两翼近乎完整的翼龙化石，这具化石是中国境内首次发现的翼龙类化石，也填补了世界翼龙化石演化史在白垩纪时期的地质空白，具有极高的科学价值。这种翼龙也以他的姓氏命名为“魏氏准噶尔翼龙”。恐龙谷还挖掘出了包括克拉玛依龙、乌尔禾剑龙、蛇颈龙以及大量古生物和恐龙蛋、恐龙骨化石，是世界罕见的“恐龙天然博物馆”。

魔鬼城景区一角　　周卫 摄

魔鬼城夕照

第四节　欢送词

【示例 1】

各位游客朋友们：

大家好！我们的行程马上就要结束了，从大家兴奋的目光中看得出，你们一定收获满满。在这段快乐又充实的时光里，我们一起探秘世界魔鬼城景区，感受它的丰富内涵，神奇的雅丹城堡以不同的姿态示人，孔雀迎宾、雄鹰展翅、海狮望月、天马长啸、魔鬼夫妻、桂林山水，在光与影的变幻中展现变幻多姿的魅力，诉说着千万年远古之谜的传奇，我们仿佛听到亿万年前太古之风呼啸而过的声音，仿佛触摸到岁月的年轮，感悟到人类星球演变的伟大。戈壁的苍凉，石峰的雄浑，展现着世界魔鬼城无与伦比的古朴、原始和真切，让人深深着迷。这样的景致与摄影师思想的融合，必将创作出有思想、有神韵的优秀摄影作品。

感谢大家一路上的理解与配合，神秘的魔鬼城四季各不同，等着您用镜头来诠释，期待您的再次光临。

【示例 2】

各位游客朋友们：

大家好！紧张刺激的旅程即将结束，这一场穿越白垩纪，与恐龙“有惊无险”的近距离接触，是不是让您感觉还意犹未尽呢？在这段探险之旅中，哪一段体验给你留下的印象最深呢？是在史前“幻彩迷宫”紧张地寻找出口？是在“冒险之光”激动地发现奇迹之谷秘密？是在夜空下兴奋地探寻“金丝玉秘宝”？是惊愕地看到张开血盆大口的恐龙向你走来？是在光影世界里勇敢地对抗外星魔鬼？还是惊喜地找到最终的宝藏——“幻彩翅膀”？相信总有一段冒险经历令你难忘。

感谢大家的支持与陪伴，世界魔鬼城神秘莫测，变幻无穷，相信每一次都会给您带来不一样的体验，期待您下一次的探险。

第五节　景区知识考试问答

【1】问：蒙古语和哈萨克语称魔鬼城是什么？

答案：“魔鬼城”在当地蒙古语称为“苏木哈克”，哈萨克语称为“沙依坦克尔西”，意思是魔鬼出没的地方。

【2】问：什么是雅丹地貌？

答案：雅丹，是荒漠干旱地区风蚀地貌的统称，一般是河湖相土状沉积物，经过流水冲刷和风蚀作用，形成的风蚀土墩和风蚀凹地地貌组合。

【3】问：世界魔鬼城的雅丹景观成因是什么？

答案：距今一亿三千万年前的中生代白垩纪，世界魔鬼城所在地是一片巨大的淡水湖泊，气候温暖湿润，降水充沛，植被茂盛。后来经过印支和燕山两次大的地壳运动，湖底岩层抬升，湖水干涸，湖泊变成了以砂岩、泥板岩为主的“戈壁台地”，在风吹雨打中就演变成了奇特的雅丹景观。

【4】问：世界魔鬼城的雅丹景观有什么美誉？

答案：世界魔鬼城有着“中国最瑰丽的岩石雅丹”的美誉。

【5】世界魔鬼城的六大文化有哪些？

答案：世界魔鬼城有六大文化，即：雅丹文化、恐龙文化、石油文化、玉石文化、影视文化和民俗文化。

【6】奇石“雅丹石”有何特点？

答案：雅丹石是砂岩结核石，呈团块，表面带有花生状纹理，所以又被称为“花生石”。

【7】号称世界魔鬼城“三宝”的是什么？

答案：恐龙、石油和金丝玉。

【8】金丝玉有何特点？

答案：金丝玉产于戈壁滩上，以黄、红、白色为主，因玉石内金色萝卜纹而得名，呈微透明、半透明，性质稳定，色彩鲜艳，质地细密。

【9】克拉玛依油田为什么被誉为“新中国石油的长子”？

答案：早在20世纪50年代，一支由36名石油工人组成的队伍开始了对新中国第一个大油田的正式开采，这个油田就是克拉玛依油田。

【10】克拉玛依是什么意思？

答案：克拉玛依在维吾尔语里就是“黑油”的意思，它是世界上唯一一座以石油命名的城市。

【11】“磕头机”是什么？

答案：“磕头机”是游梁式抽油机，是全世界石油生产中使用最多的采油机，主要由驴头、游梁、连杆、曲柄和动力设备构成。

【12】世界魔鬼城天然沥青矿脉有何特点？

答案：世界魔鬼城天然沥青矿脉储量丰富，沥青质地纯净，硬度高，色黑光亮，耐水、耐酸、耐碱，绝缘性能良好，是国内优质沥青烘漆、电器绝缘和精密仪器刻度沥青独一无二的优良材料。

【13】世界魔鬼城是哪些知名影视作品的拍摄地？

答案：《卧虎藏龙》《英雄》《淘金王》《苏武牧羊》《天地英雄》《七剑下天山》《西圣地》《戈壁母亲》《无人区》《莽荒纪》等30余部脍炙人口的电影、电视作品都在这里取景，被称作中国八大影视外景拍摄基地之一。

【14】"魏氏准噶尔翼龙"是因何得名？

答案：在1964年，新疆石油管理局考察队研究员魏景明在魔鬼城进行地质勘探时，发现了一具近乎完整的翼龙化石，被发现的这种翼龙就以他的姓氏命名。

【15】金丝玉中的极品称为什么？

答案：金丝玉中的极品称为宝石光。

第六节　教学互动练习和拓展知识窗

一、互动练习

（一）世界魔鬼城雅丹文化介绍

雅丹，是荒漠干旱地区风蚀地貌的统称，一般是河湖相土状沉积物，经过流水冲刷和风蚀作用，形成的风蚀土墩和风蚀凹地地貌组合。

世界魔鬼城雅丹的地质形成堪称全国最早，它源于距今约一亿三千万年前的白垩纪时期，之后经过印支和燕山两次大的地壳运动，湖底岩层抬升，湖水干涸，湖泊变成了以砂岩、泥板岩为主的陆地瀚海，地质学上称之为"戈壁台地"。戈壁台地在风雨侵蚀中演变成了千姿百态的奇特景观。

（二）游客买到以次充好的宝玉石的处理

首先，作为导游要提醒游客，购买宝玉石要到有质量保证的正规店铺购买，以便维权；其次，如果客人确系购买了以次充好的宝玉石，要积极帮助游客和商家协商退货、退款，确保游客的合法权益不受侵犯。

二、拓展知识

（一）中国最美丽的三大雅丹

中国的雅丹地貌面积约有2万多平方千米，主要分布在新疆、甘肃和青海三省区的荒漠地带。2005年，《中国国家地理》杂志社在“选美中国”的评选中，评选出了中国最美丽的三大雅丹，分别是：

“最瑰丽的岩石雅丹”——新疆克拉玛依的世界魔鬼城；

“最神秘的雅丹”——新疆罗布泊的白龙堆龙城雅丹；

“最壮观的雅丹”——甘肃兰州玉门关以西的三垅沙雅丹。

（二）中国石油生产基地

石油是我们日常生活不可替代的能源，石油资源是21世纪影响我国经济发展的关键因素。按2020年石油产量，我国重要的石油生产基地如下：

长庆油田——总部位于陕西西安，主要勘探区为鄂尔多斯盆地，是我国首个年产量6000万吨级别的特大型油气田；

大庆油田——位于黑龙江松嫩平原，是铁人精神的发源地；

塔里木油田——位于新疆塔里木盆地，被中外地质家称为21世纪中国石油战略接替地区；

渤海油田——总部位于天津，主要勘探区为渤海海域，是中国海上最大的油田；

胜利油田——总部位于山东东营，主要勘探区块为渤海湾盆地，新疆准噶尔盆地；

南海东部油田——总部位于广东深圳，主要勘探区为南海东部珠江口盆地；

新疆油田——位于新疆克拉玛依，也称为克拉玛依油田；

延长油田——总部位于陕西延安，主要勘探区为陕西、内蒙、甘肃和宁夏，被誉为“功臣油矿”；

南海西部油田——总部位于广东湛江，主要勘探区为南海西部的琼东南盆地。

（三）金丝玉介绍

金丝玉，意为“洒落在金色丝绸之路上的五彩美玉”，主要产地在新疆准噶尔盆地，多见于沙漠、戈壁地区。金丝玉主要成分是石英岩，呈隐晶质结构，玉体呈微透明、半透明，以黄、红、白色为主，玉石内呈现出独特的金色萝卜纹。其形成过程漫长而复杂，经历了火山喷发、地壳运动、冰川河流搬运、亿万年干燥环境的淬炼、戈壁风沙翻滚打磨等过程，具有色彩鲜艳，质地细密，性质稳定，磨圆度好的特点，具有较高的观赏价值。其中以宝石光为极品，具有极大的收藏价值。